Carnegie

卡耐基

人性的弱点全集

张艳玲 / 编

民主与建设出版社

·北京·

图书在版编目（CIP）数据

卡耐基人性的弱点全集 / 张艳玲编 . —北京：民主与建设出版社，2015.10（2021.4 重印）

ISBN 978-7-5139-0853-5

Ⅰ . ①卡… Ⅱ . ①张… Ⅲ . ①心理交往—通俗读物 Ⅳ . ① C912.1-49

中国版本图书馆 CIP 数据核字（2015）第 251024 号

卡耐基人性的弱点全集

KANAIJI RENXING DE RUODIAN QUANJI

编　　者　张艳玲
责任编辑　王　倩
封面设计　天下书装
出版发行　民主与建设出版社有限责任公司
电　　话　（010）59417747　59419778
社　　址　北京市海淀区西三环中路 10 号望海楼 E 座 7 层
邮　　编　100142
印　　刷　三河市同力彩印有限公司
版　　次　2016 年 1 月第 1 版
印　　次　2021 年 4 月第 3 次印刷
开　　本　710 毫米 ×944 毫米　1/16
印　　张　13
字　　数　130 千字
书　　号　ISBN 978-7-5139-0853-5
定　　价　45.00 元

前言 PREFACE

从来没有哪一个时代的人们像今天这样如此的重视“成功”,“成功”成为这个时代被使用最频繁的字眼。那么什么是成功?成功当指成就功业或达到预期的结果。成功当有两个方面的含义。一是个人的价值得到社会的承认,并赋予个人相应的酬谢,如金钱、房屋、地位、尊重等。二是自己承认自己的价值,从而充满自信,并得到幸福感、成就感。成功的含义是丰富的,可惜,在这个时代,很多人过于强调前一种含义,而忽略了后一种意义。而只有造福于社会,获得社会的承认,赢得他人的尊重,才称得上是真正的成功。

事实上,成功是一种积极的心态,是每个人实现自己的理想后,自然而然的产生的一种自信和满足心态。

成功学的历史很短,只有100多年的历史。这门学科以社会中各种成功现象为研究对象,从中发现规律,并指导人们走上成功之路。当然,成功没有捷径,但是,有了成功学的指导,有志于成功的人士可以少走弯路。这也是自成功学诞生100多年来,一直受到人们关注的原因。

戴尔·卡耐基(Dale Carnegie,1888—1955),美国著名的心理学家和人际关系学家,20世纪最伟大的人生导师。他一生从事过教师、推销员和演员等职业,这些职业对他以后的事业都有很大的影响。

卡耐基认为,从事有意义的工作,过自己喜欢的生活比赚钱更重要。于是,他在大学时代就开始进行演讲方面的训练,这些训练使他克服了自卑和怯懦,在与不同的人打交道时,他也格外有勇气,有信心。正是在现实中,他认识到人际交往在一个人的一生中有多么重要,他认为,一个人的成功有15%是由于他的技术专长,而85%是靠良好的人际关系和为人处世的能力。经过多年的研究考察,他最终发展出一套独特的融演讲、推销、为人处世、智能开发于一体的成人教育方式,这种方式得到人们的认可,并且不断完善。他开创的“人际关系训练班”遍布世界各地,对数以百万计的人产生了深远的影响,其中不仅有社会名流、军政要员,甚至还包括几位美国总统。

哈佛大学著名心理学家与哲学家威廉·詹姆斯教授说:“与我们应取得的成就相比,我们只不过是半醒着,我们只利用了身心资源的一部分。卡耐基因为帮助职业男女开发他们蕴藏的潜能,在成人教育中开创了一种风靡全球的运动。”

卡耐基一生中写作了《语言的突破》《人性的光辉》《人性的弱点》《人性的优点》《美好的人生》《伟大的人物》《快乐的人生》等多部著作,其中《人性的弱点》一书,是继《圣经》之后世界出版史上第二畅销书。这些著作是卡耐基成人教育实践的结晶,他的思想影响了世界上无数人的生命历程。

《人性的弱点》一书出版于1936年,是由卡耐基授课时所用的教材整理而成的。它不是枯燥的说教,更不是不切实际的编造,而是卡耐基一生经验与智慧的结晶。当你认真的读完这本书时,相信你会认识到自身过去被自己忽略或没有意识到的弱点,在以后的事业和生活中改善自己不足的地方,从而增强自己的处世能力。相信这本书对每一位致力于实现成功人生的人来说都是有益的。

美国石油大王洛克菲勒曾经说过:“人际交往能力也是一种可以购买的商品,正如糖或咖啡一样。因而我愿意对这种能力付酬,而且酬金比世上任何知识和技术都多。”这位成功人士尚且如此,你我亦当如此。

目　录

第六章　经营好自己的人生

第一章

待人处世的基本技巧

只有那些不够明智的人才会去批评、指责和抱怨他人。的确，很多蠢人都这么做。与其抱怨、责备，不如多一些理解，设身处地地为他们想想，为什么他们会这样做，这样做比批评更加有益，而且这样，就会使我们产生同情、容忍、仁慈之心。

01 无端指责别人并不能解决问题

1931年的5月7日，纽约市发生了一起该市有史以来从未见过的、最为轰动的搜捕事件。经过几个星期的调查搜捕，这位不好烟酒的“双枪”杀手——克罗雷——最终被警方在他的女友居住的西末大街的公寓中抓获。

150名警察及侦探将克罗雷藏身的顶楼层层围住，他们先在屋顶上凿洞，以便用“催泪弹”将这位“杀害警察的凶手”逼出来。然后，他们在周围的建筑物上架起机关枪，大约一个小时以后，纽约这个原本安静的住宅区中响起了“噼噼啪啪”的手枪声，还伴随着“哒哒哒”的机关枪声。克罗雷躲在一把满是杂物的椅子后面，不断地向警察放枪。成千上万的人聚在街道上看着这场枪战，这种壮观的景象在纽约的历史上从未有过。

克罗雷被捕以后，纽约市警察局局长 E. P. 马罗尼说，这位双枪暴徒是纽约历史上所有最危险的罪犯中的一个。“他拿杀人当切葱。”警长这样说道。但“双枪”克罗雷自己是怎样看待自己的呢？我们知道，就在警察向他藏身的公寓发起攻击的时候，他写了一封公开信。而在他写信的时候，从伤口流出的血，滴在了纸上，并留下了血迹。在这封信中，克罗雷说：“在我衣服的下面是一颗疲惫的心，但也是一颗仁慈的——一颗不愿给任何人带去伤害的心。”

在这不久之前，克罗雷曾在长岛的一条公路上在车里与女友调情，忽然，一个警察走到车旁对他说：“请出示您的驾照。”

克罗雷一声不响，拔出手枪，向该警察开了数枪打死了他。当这个警察倒地之后，克罗雷从车里跳出来，抓起警察的枪，又向躺在地上的尸体放了一枪。这就是说“在我衣服下面的是一颗疲惫的心，但也是一颗仁慈

的——一颗不愿给任何人带去伤害的心”的那位凶手的所作所为吗？

克罗雷被判坐电椅，当他来到猩猩监狱的受刑室内，他是否曾说：“这就是我因为杀人而得到的报应吗？”不，他没有这样说。他说：“这就是我自卫的结果。”

从这段故事中我们可以看出：“双枪”克罗雷对自己没有一丝责备。

这是罪犯中一种特殊的态度吗？如果你这样想，那就来听听下面这段话：

“我将我一生最美好的时光，用在了给别人带去快乐上，是我帮助他们过快活的日子，而我所得的只是侮辱、唾骂和逃亡的生活。”

那是阿尔·克邦所说的话。是的，克邦是美国从前最臭名昭著的公敌，是一个险恶的帮派头子。他最终在芝加哥被枪决，克邦也没有责备过他自己，实际上，他认为自己是公众的恩人，一个不被公众感激并被深深误解的恩人。

达奇·苏尔兹在纽约被匪徒的子弹击倒以前也是这样。苏尔兹，纽约最臭名昭著的罪犯，他生前，在与新闻记者的一次谈话中，他说他自己是公众的恩人，他深信事实就是这样的。

我曾与猩猩监狱狱长劳斯关于这个问题有过几次通信，劳斯在纽约声名狼藉的猩猩监狱当过几年的监狱长，谈到这个话题时，他对我说：“猩猩监狱中的罪犯很少有认为他们自己是坏人的！他们认为自己是跟你我一样的人。他们会为自己辩解，为什么他们要撬开保险箱，为什么他们会扣动扳机，他们中的大部分人都会为自己反社会的行为找出理由，并且不管那理由是荒谬的还是有逻辑的。他们坚持认为，自己不应该被关在监狱而完全失去自由。”

如果阿尔·克邦、“双枪”克罗雷、达奇·苏尔兹，以及所有在监狱中的暴徒，都不为自己的行为自责，那你我日常所接触的人又怎样呢？

百货商店创始人约翰·华纳梅格有一次说：“我在 30 年前就已经明白，责骂别人是非常愚蠢的行为。我并不埋怨上帝在分配智力时的不公，因为我对克制自己的缺陷已经觉得非常困难了。”

华纳梅格很早就领悟到了这个道理，但我却在这一原理已经降临到我身上之前，在这个世界摸索了 30 余年。我发现，100 次中有 99 次，人们不会为任何事苛责他自己，无论错误有多么严重。

批评是徒劳的，因为它会使人过于保守，并常使他竭力去证明自己。批评也是危险的，因为它伤害一个人宝贵的自尊心，伤害他的自重感，并激起他的反抗。

翻开历史，批评无用的例子你可以找出无数个。例如，西奥多·罗斯福与塔夫脱总统之间的那场著名的争论——这场争论导致了共和党的分裂，而使伍德罗·威尔逊入主了白宫，从而让他在第一次世界大战的史书上写下了勇敢光荣的一页，并改变了历史。我们可以简略地回顾一下当年的历史：1908 年，当罗斯福总统走出白宫的时候，他支持塔夫脱，后来塔夫脱当选为总统。然后，罗斯福去非洲捕猎狮子。当他回到美国后，他对塔夫脱的守旧作风感到愤怒，他批评塔夫脱。因此，他决意参加竞选，要使他自己成为连任三次的总统，他打算组织“进步党”。他的这一举动几乎毁灭了共和党，在这次选举中，塔夫脱及共和党只得到佛蒙特州和犹他州这两个州的支持——这是共和党有史以来遭受的最大的失败。

西奥多·罗斯福谴责塔夫脱，但塔夫脱总统谴责他自己吗？当然没

有，塔夫脱含着眼泪说："我不知道我应该做的和我已经做的有什么不同。"

究竟应该怪谁？罗斯福还是塔夫脱？老实说，我不知道，我也不关心。我想提出的一点就是，罗斯福所有的批评并没有让塔夫脱觉得自己是不对的。他的批评只是促使塔夫脱竭力地证明自己并含着泪反复地说："我不知道我应该做的和我已经做的有什么不同。"

还有那个煤油舞弊案，还记得吗？这一案件发生在20世纪20年代早期，当时受到了全国报纸的围攻，震惊了整个美国。在当今人的记忆中，美国的公务生活从没发生过这样的事件。整个丑闻的基本事实是这样的：阿尔伯特. B. 福尔是哈丁总统任上的内政部长，福尔主管政府在爱尔克山及查夫敦的煤油保留地的出租事宜——保留地是给海军用油时使用的保留地。福尔部长当时有没有公开投标呢？不，没有。而且他还干脆地把这份人人垂涎的合同给了他的朋友爱德华. L. 度梅尼。度梅尼又是怎样做的呢？他把称之为"债款"的10万美元"借"给了福尔部长。不仅如此，福尔部长用高压手段命令美国海军陆战队进驻该区，把那些竞争者赶走，保留地的煤油的竞争者被刀枪赶走了，他们离开了油田，不过，他们并没有妥协，他们走上法庭，揭发了10万美元的贪污舞弊案。恶劣的影响，几乎毁灭了哈丁的政权，全国一致唾弃，共和党几乎被摧毁，而福尔部长则被判下狱。

福尔遭到公众的谴责——在公务生活中,以前很少有人曾被公众这样谴责过。那么,他悔悟了吗?没有!事情发生多年以后,胡佛在一次公共演讲中暗示,哈丁总统之死是由于神经的刺激与过分忧虑,因为一个朋友曾经出卖了他。当时,福尔夫人听见了,她从椅子上跳了起来,哭着挥着拳头嚷道:“什么?哈丁是被福尔出卖的吗?不!我的丈夫从没有出卖过任何人,就算这间屋子堆满黄金钞票,也不会诱惑我的丈夫做错事。相反,他才是被别人出卖而走上刑场、被钉在十字架上的。”

讲到这里你会明白:人类的天性就是如此,做错事的人只会责备别人而不会责备自己。其实我们每个人都是如此。所以,明天当你我要批评别人的时候,让我们记住阿尔·克邦、“双枪”克罗雷和达奇·苏尔兹。

我们要明白批评就好像是家鸽,它们总会飞回家。我们应该明白我们要矫正及谴责的人都会为他自己辩护,从而反过来谴责我们。或者,他们会像温和的塔夫脱总统,他会说,“我不知道我要做的和我已经做的有什么不同。”

02　林肯喜欢批评别人吗

1865年4月15日早晨,亚伯拉罕·林肯躺在一个廉租的公寓中,在死亡的边缘徘徊。这个公寓就在他被布斯枪杀的福特戏院的对面。林肯瘦长的身体斜躺在一个下陷的床上。这床对他的身材来说显然太短了。床头墙上挂着一幅仿制的、制作粗略的罗萨·博赫尔的名画“马市”,屋里挂着一盏惨淡的煤气灯，闪出微弱的黄色的光。

林肯躺在那儿，将死的时候，陆军部长司丹登说：“躺在那里的是世界上我们见过的最完美的统治者。”

那么，林肯与人相处成功的秘诀是什么？我曾经用了 10 年的时间来研究林肯的一生，并用整整 3 年的时间编写修正了一本书，叫做《世人所未知的林肯》。我相信我对林肯的人格及家庭生活的研究，比任何人都要详尽彻底。我还对林肯为人处世的方法做了一个特别的研究。林肯喜欢批评别人吗？哦，是的。当他年轻时在印第安纳州鸽溪谷的时候，他不但批评人，而且还喜欢写信作诗来讥笑别人。他将他写的那些信有意扔在一定会有人捡到的街上，其中有一封信带来的后果让他终生难忘。

林肯在伊利诺伊州普林菲尔德做了见习律师以后，他仍在报纸上发表信函公开攻击他的反对者，但他也只是偶尔为之。

1842 年的秋天，他写信讥笑一位名叫詹姆斯·西尔士的自高自大的爱尔兰政客。林肯在普林菲尔德的报纸上发表了一篇匿名文章来讥讽他，导致全镇一片哄笑。西尔士为人敏感而且自负，他愤怒不已，查出是林肯所为后，便跳上马去找林肯，要向他挑战决斗。林肯不愿意跟人打架，他反对暴力，但他为了自己的面子不得不迎战。西尔士允许林肯自选武器，因为他手臂长得长，他就选了马队用的大刀，而且他还特地向一位从西点军官学校毕业的学生学习刀法。到了指定日期，林肯与西尔士相约在密西西比河的沙滩上准备决一死战。但在决战开始的最后一分钟，因为围观者的阻止，他们才最终取消了决斗。

这是林肯一生中最失败的一件事，但它却在为人处世方面给了林肯一个无价的教训，他以后再也没有写信凌辱、讥笑过别人。从那时起，他几乎再也没有因为任何事批评过别人。

时间一点点的过去了，在美国南北战争时期，林肯屡次对波多马克军队的将领进行更换——麦克莱伦、波普·伯恩赛德、胡格、米德——这些

将领都接二连三地出现失误，林肯伤心失望地在室内踱步徘徊。全国大多数的人都在指责林肯用人不当，但林肯始终保持着宽容平和的心态，没有批评怨恨任何人。他最喜欢的一句名言是："不要议论别人，别人就不会议论你。"

当林肯夫人及其他人刻薄的谴责南方人的时候，林肯奉劝他们说："不要批评他们，如果同样的情形发生在我们身上，我们也会像他们一样。"

可是，如果有人有批评别人的机会的话，这个人就是林肯。我们举一个例子恰好可以说明这一点：

1863 年 7 月的前三天，葛底斯堡战役爆发。7 月 4 日晚，南方将领李将军开始南撤，当时全国暴雨倾盆，河水猛涨。当李将军带着部下来到波多马克河边的时候，在他们眼前出现的是水位上涨不能通过的大河，在他们后面的是乘胜追击的联军。李将军的军队被围困在河边，不能前不能后。林肯看明这种形势，他知道这是一举俘获李将军军队的好时候，只要抓住李将军，战争就能结束。林肯充满了希望，他命令米德先不要召开军事会议，即刻出兵进攻李将军的军队。林肯先用电报发令，然后派特使前去要求米德即刻采取行动。

而米德将军是怎么做的呢？他所做的与林肯的命令正好相反，他违反林肯的命令召开了一个军事会议，他迟疑不决，找各种借口拖延时间。最后，他完全拒绝攻击李将军的军队。终于河水退下去了，李将军与他的军队逃过了波多马克。

林肯大怒，“他这是什么意思？”林肯对他的儿子罗伯特大呼道。“天呀！这是什么意思？他们已经在我们的掌握之中，只要我们一伸手，他们就是我们的了，但不论我怎么说怎么做，米德就是不出兵。在那样的情形下，任何将领只要出兵都能打败李将军，假如我去，就算我自己也可以把他抓住了。”

在深切的失望下，林肯坐下来写了这样一封信给米德。记着，在他一生中，这期间是他极端保守的时期，他用字非常拘谨。所以在 1863 年，这封信可谓是林肯最严厉的斥责了。

我亲爱的将军：

我不相信你能领会李将军的脱逃给我们带来多么严重的后果。他就在我们的掌握之中，如果能抓住他，再加上我们最近取得的其他胜利，我们就赢了，这场战争就可以结束了。但照现在的情形，战事恐怕还会无限期延长下去。如果你不能在上星期一成功击败李将军，你又如何能打败已经南逃到波多马克河以南的李将军呢，到时候你能带的人——不会多过你当时所有军力的三分之二。如今，我也不敢期望你会做得更好。良机已去，对此，我深感遗憾。

你猜米德读了那封信会怎样？

米德从未见到那封信，因为林肯根本没有把那封信寄出去。这信是林肯死后在他的文件中找出来的。

我猜想——这不过是我的猜想——林肯写完这封信后，一边望着窗外，一边自言自语地说：“且慢，也许我不应该这样匆忙。我坐在这安静的白宫里,命令米德进攻是很容易的一件事,但如果我到过葛底斯堡,如果我上星期也像米德一样见过那么多的血,如果我的耳朵也被死伤的呼叫充斥,也许我也不会急着进攻。如果我的性情像米德一样怯懦,也许我做的会和他所做的一模一样。无论如何,现在是木已成舟。如果我寄出这封信,我的不快是可以解除,但米德将军,他将会为自己辩护,他会谴责我。那只会给大家带来不快,降低他以后做司令的威信,或许会逼使他离开军队。"

于是,正如我所说的那样,林肯把信放在一边,因为他痛苦的经验已经使他明白,尖锐的批评、斥责,其实是没有任何用处的。

西奥多·罗斯福曾说,在他做总统的时候,如果有难解决的问题,他常常往座位上一倚,仰望挂在他的写字台前的一幅巨大的林肯画像,问他自己:"如果是林肯遭受同我一样的困难,他会怎么做呢?他会怎样来解决这个问题?"

大师金言

下次,如果我们再想批评别人的时候,让我们从衣袋里掏一张五美元的钞票出来,看着钞票上林肯的头像,然后问自己:"假如林肯遇到这样的困难问题,他将怎样处理呢?"

03 设身处地地为别人想想

在我年轻的时候,很期待别人对我印象深刻,我给一位曾在美国文坛上非常有影响力的作家戴维斯写过一封很可笑的信。那时,我正预备给一家杂志写一篇关于作家的文章,我就写信请戴维斯告诉我他的写作方法。几个星期前，我收到一封信，末后附注的“信系口述，由他人笔录，本人未及重读”。这句话引起我的注意。我觉得写这信的人一定是一位公事繁忙的大人物。我呢，其实一点也不忙，但我为了能很快引起戴维斯的注意，我在信的后面也写了“信系口述，由他人笔录，本人未及重读”的字样。

他再也没有给我回过信。只是把原信退了给我，在信的最后潦草地写着：“你的不恭态度无以复加。”真的，我做错了，或许我应该被他更严厉地责备。但是，站在人性的角度，我对他怀恨在心。甚至在十几年以后，当我听到戴维斯去世的噩耗时，在我心里还依然有对他的怨恨——我羞于承认——就是他当时带给我的伤害。

如果你和我想激起别人对你的反抗，让人对你痛恨数十年，一直到死，你可以放任地去批评别人——不论我们的批评是如何的正确。

当我们与人相处时，要记住，跟我们相处的不是没有理性的动物，跟我们相处的是有情感的动物，充满着偏见而且受傲慢虚荣所促动的动物。

严苛的批评曾使敏感的哈代——英国文学史上最好的小说家，永远地放弃了小说写作；批评也曾使英国诗人托马斯·查特顿自杀。

本杰明·富兰克林在年轻的时候，并不聪明，后来变得极有外交手腕，与人相处也极有技巧，还升为美国驻法大使。他自己说，他的成功秘诀是——“所有我认识的人，我只说他们的好，避免说他们的不好。”

只有那些愚蠢的人才会去批评、惩罚、报怨——而且大多数的愚人都这样做。但宽容和善解人意就需要修养和自控了。

加莱尔说过：“一个伟人是在对待卑劣小人的行为中彰显其伟大的。”

鲍勃·胡佛是一位杰出的试飞驾驶员，他时常表演空中特技。一次，他从圣地亚哥表演完后，准备飞回洛杉矶。《飞行作业》杂志曾对此次飞行作过如下描述，当胡佛驾机在 90 多米高的地方时，两个引擎同时出现故障。幸好他反应灵敏，控制得当，飞机才得以降落。虽然无人伤亡，但

飞机却已面目全非。

在迫降之后，胡佛的第一个反应是检查飞机的燃料。如他所料，他驾驶的这架第二次世界大战时期的螺旋桨飞机，装的不是汽油，居然是喷气机燃油。

回到机场，胡佛要求见见为他保养飞机的机械师。那位年轻的机械师早已为所犯的错误痛苦不已。一见到胡佛，他的眼泪便沿着面颊流下，他不但毁了一架造价昂贵的飞机，甚至差点使3人丧命。

你可以想象胡佛当时的愤怒，并猜想这位荣誉心极强、凡事都要求精细的著名飞行员一定会痛斥这位粗心大意的机械师。但是，胡佛并没有责骂和批评他，相反，他用手臂围住那位机械师的肩膀，对他说："为了表明我相信你不会再犯同样的错误，我要你明天为我保养那架F51飞机。"

正如约翰逊博士所说:“上帝在它的末日到来之前,不会去评判任何人。”你我又为什么要批评别人呢?所以,不要轻易地批评、谴责、抱怨别人。

04 真诚地赞赏他人

天底下只有一个方法能让一个人去做任何事,你想过是什么方法吗?是的,有一个方法,那就是让这个人心甘情愿地做你要他做的事。

记着,除此之外,没有其他的方法。

当然,你可以用一只手枪对着一个人的胸膛,让他愿意把他的表给你;你也可以用恐吓解雇的方法——在你转过身去之前——让你的雇员跟你合作;你还可以用鞭打或威胁,让孩子做你要他做的事。但这些粗笨的方法都会带来非常不利的反面影响。

我能使你愿意去做任何事的唯一方法就是把你所要的都给你!

你想要什么?

20 世纪奥地利最著名的心理学家西格蒙德·弗洛伊德博士说:“能促使我们努力做事的动力原因有两种:性的冲动以及想要成为伟大之人的欲望”。美国大哲学家约翰·杜威教授对这个问题的观点稍有不同。杜威博士说,人类的天性中最深刻的冲动就是“成为重要的欲望。”记住这句话:“成为重要的欲望。”这是很重要的。在这本书中你还会见到许多关于这句话的句子。

你想要什么?其实,我们所求不多,但有几样东西是我们一生都在追求的,这几样东西,我们正常人几乎都需要。包括:

(1)健康的体魄。

(2)可口的食物。

(3)充足的睡眠。

(4)丰裕的金钱以及金钱能买到的所有东西。

(5)未来的美好生活。

(6)性生活的满足。

(7)子女的健康和幸福。

(8)得到他人的尊重。

这八种需求,除了一样以外,几乎所有的都能满足。这种欲望差不多跟食物或睡眠的欲望一样,深切却难以得到满足,那就是弗洛伊德所说的“成为伟大之人的欲望”。也是美国实用主义哲学家杜威所说的“成为重要的欲望”。

林肯有一次在信的开端写道:“每个人都喜欢被人恭维。”威廉·詹姆士说:“人类天性中最深的本质就是渴求为人所重视。”你注意到,他不说“愿望”或“欲望”或“渴望”为人所重视,他说“渴求”为人所重视。

寻求自重感的欲望是人类与动物的主要差别之一。例如:当我还是密苏里一个农村的儿童时,我的父亲养了几只品种优良的红色大猪和一头良种的白脸牛。我们每年都会带它们去参加在美国中西部镇市举行的家畜展览会。它们非常优秀,经常得奖。我父亲就将得来的蓝缎带奖章用针别在一条白布上,当有朋友或客人来我家的时候,父亲就把白布条取出来。他拿一边,我拿另一边,把缎带展示给他们看。

猪、牛们并不在乎它们赢得的缎带,但父亲在乎,这些奖品给他一种自重感。假如我们的祖先没有这种自重感的热烈冲动,就不会有我们现在的文明。没有对“自重感”的追求,我们与动物就没什么区别。

因为自重感,一位没有受过教育的极度贫苦的杂货店员,费心地研究他在一只装满家庭杂物的大木桶下找出的法律书籍,你也许已经听说过这位杂货店员的名字,对,他就是林肯。自重感的欲望激励了狄更斯创作他的不朽的小说；自重感的欲望激励了瑞恩在石头上创作他的音乐；自重感的欲望使洛克菲勒积存了一辈子的巨额财富；也是自重感的欲望使你们城里的富翁建造了一座比他实际需要大得多的房子。这个欲望使你要穿最时尚的衣服，驾驶最新款的汽车，谈论你聪敏伶俐的孩子们。

也是这种欲望，使许多儿童误入歧途，前任纽约警察局局长 E. P. 马罗尼说："现在的犯罪青年，都有很强的自尊心，在被捕以后，他们的第一个请求就是要阅读一下使他们能成为一个英雄的低俗的报纸，只要他们能看见自己的照片与罗斯、拉加蒂、爱因斯坦、林白、托斯更尼或罗斯福等名人照片同时出现在一个版面上，以后监狱生活如何，他们似乎一点也不在乎。"

如果你告诉我：你是如何得到你的自重感的，我就可以大致确定你是什么样的人。从哪儿能看出你的性格，对你来说，那是非常重要的一件事。例如，约翰. D. 洛克菲勒捐钱在中国的北京建新式医院，治疗成千上万个他从未见过并永远不会见到的贫民，来满足自己的自重感。而狄林格，他让自己感到"有重要性"的方法是，走上邪路。他借做土匪、抢银

行、杀人，来得到自重感。当美国联邦调查局对他进行抓捕时，他逃到密苏里的一个农舍，他对农人说："我是狄林格！"他似乎以全国第一号社会

公敌为荣，“我不会伤害你，但是你们要知道我是狄林格！”

是的，狄林格与洛克菲勒最重要的差别，就在于他们是如何得到他们的自重感的。

历史上，名人为了自重感而挣扎徘徊的也有很多。就连华盛顿都愿意人们称他为“至高无上的美国总统阁下”；哥伦布请求西班牙女王赐予他“海洋大将印度总督”的名衔；大凯瑟琳拒绝拆阅没有称她为“女皇陛下”的信件；而林肯夫人在白宫中，曾向格兰特夫人像只母老虎般的大声咆哮：“你怎么能没有我的允许就出现在我面前！”

1928 年，几个百万富翁出钱资助白德大将的南极科考队，他们的要求是用他们的名字来为冰山命名。雨果希望有一天将巴黎改称为他的名字，甚至我们最高权威的莎士比亚也要为他的家族得到一个象征荣誉的徽章，借以增加他名字的光荣。

有的人甚至用装病来得到别人的同情、注意及自重感。例如美国第二十五届总统麦金利的夫人，她一度强迫她的丈夫、美国总统，放下繁忙的国事每晚斜倚在她旁边抱她入睡，每次都要数小时之久，借以得到她的自重感。有一次，为了修补牙齿，她坚持让麦金利留下来陪她，以满足她希望被人注意的痛切欲望。后来，因为麦金利总统与国务卿海·约翰有约，不得不把她一人留在牙医那里，这竟使她大发脾气。

有些专家宣称，人真能精神失常，因为在癫狂的梦境中他们可以找到在残酷的真实世界里得不到的自重感。在美国一所医院中，患神经病的人，比患其他一切病的人合起来还要多。

癫狂的原因是什么？没有人能具体回答出来，但我们知道有些疾病，比如花柳，它可以严重摧残人的脑细胞，最终使人精神失常。实际上，约有一半的精神病患者患病的原因都源于这样的生理疾病，如脑部损伤，醉酒，中毒及外伤。但另一半的精神病患者——这个事实让人惶恐——这一半精神病患者，很明显的，他们的脑细胞机体并没有任何毛病。在死后的尸检中，通过最强力的显微镜研究发现，他们的脑纤维明显的与我们正常人一样健全。

那么，这些大脑健全的人又为什么会发生癫狂呢？

最近，我向一位非常著名的疯人医院的主任医师请教过这个问题。这位医师是癫狂病的权威，曾在这方面获得过很多荣誉。他非常诚实的说，他不知道那些人为什么会癫狂，没有人明确地知道。但他却说，许多癫狂的人，在癫狂中，他们找到了在现实世界中不能获得的自重感，然后，他向我讲了这样一个故事：

我现在的病人中有一位，她的婚姻非常不幸。她需要爱情、性欲的满足，孩子及社会对她的尊重，但现实生活打破了她所有的希望。她的丈夫不爱她，甚至拒绝与她一同进餐，并且强迫她服侍他在楼上的房间里吃饭。她没有孩子，没有社会地位，因此她癫狂了，但是在她的幻想中，她与她的丈夫离了婚，恢复了本姓。她现在相信她嫁给了一位非常爱她的英国贵族，她坚持要人称她为史密斯夫人。至于她渴望的孩子，她现在幻想着她每夜都会有一个新的孩子，每次我来看她的时候，她都会跟我说："医生，我昨夜又有了一个宝宝。"

生活曾一度将她所有梦想的船，沉没在现实的礁石上；但在癫狂的光亮幻想的岛屿间，所有她的小船都驶入了港中，波涛澎湃，直击天幕，风吹帆桅，啸啸作声。

悲惨吗？噢，我不知道。她的医生对我说："如果我能让她恢复神智，我也不愿那样做。因为现在的她活得很快乐。"

安德鲁·卡耐基为什么要以年薪100万美元的酬劳来聘请查尔斯·斯瓦伯呢？难道斯瓦伯是天才吗？不。难道是因为查尔斯·斯瓦伯对钢铁制造比其他人知道得更多吗？瞎说。斯瓦伯亲自告诉我，在他手下做事的很多人对于钢铁制造，知道的比他还多。

斯瓦伯说他之所以获此高薪，大部分原因是因为他懂得为人处世的艺术。我问他是怎么做的，下面就是他亲口所述，这些话应被镌刻下来，永久地保留在铜牌上，悬挂在全国每个家庭、学校、商店及办公室里，如果我们果真能遵照这些话去做，我们的生活势必大异往昔。

斯瓦伯说："我认为，我有激发人们的热情的能力，这个能力是我最大的资源、优势，能让一个人充分发挥他身体里潜在的能量的方法就是赞赏和鼓励。世界上最能抹杀一个人的志向的就是来自他上司的批评。我从来不批评任何人，我相信鼓励能给人更多的工作动力。所以我更喜欢称赞，不愿意纠错。如果问我最喜欢的一句话，那就是：诚于嘉奖宽于称道。"

这就是斯瓦伯所做的，但普通人的做法正好与这相反。如果他不喜欢一件事，就竭力挑错；如果他真的喜欢，就会什么也不说。就像古老的俗语所说的"好事不出门，坏事传千里"。

"在我的一生与世界各地的不同层次的人都有过广泛的交往，"斯瓦伯说，"我发现每一个人，无论他是如何的伟大，地位如何的高，都是在被赞许的精神下比在被批评的精神下更能成就好事，尽更大的能力的。"

老实说，这就是安德鲁·卡耐基取得惊人成功的一个显著的理由。卡耐基不但经常公开地赞美别人，私底下他也经常这样。卡耐基甚至在他的墓石上还不忘称赞他的助手，他为他自己写的碑文如下："埋葬于此的是一个知道如何与比他自己更聪敏的人相处的一个人。"

诚恳的赞赏是约翰.D.洛克菲勒人际交往成功的一个秘诀。例如，有一次，他的一位同伙贝德福决策失误，使一桩在南美的生意失败，公司损失了

100 万美元。洛克菲勒完全可以狠狠地批评他一下，但他知道贝德福已经尽了力——这件事已经告一段落，所以洛克菲勒找了一些其他的理由来称赞贝德福，他向贝德福恭贺，说正因为他，公司才得以保全 60% 的投资。“已经很好了，”洛克菲勒说，“我们不可能把任何事都做得毫无差错。”

我的剪报中有个小故事，虽然我知道那并不是真的，却跟真的一样，所以，我还是将它重复一遍。

这个闲聊的故事是这样的：有个农妇在劳累了一天之后，为干活的几个男人准备了一大堆干草当晚餐。愤怒的男人质问她是否疯了，农妇答道：“嘿，我怎么知道你们会在意呢？20 年来，我一直煮饭给你们吃，你们从不吭声，也从没告诉我你们不吃干草啊！”

几年前，有人对离家出走的妇女进行过研究。你知道这些妇女离家的主要原因是什么吗？——“没有人领情”。我相信，离家出走的男人也大概是相同的理由。虽然我们也常常心里感谢另一半为我们所做的一切，但我们却从来没有向她们说出自己的感激之情。

我班上的一名学员给大家讲述了他太太提出的一个要求。她和其他几位女士参加了一种自我训练与提高的课程，回家后，她要先生列出 6 种能让太太变得更加理想的事项。这位先生说道：“这个要求真让我吃惊。坦白地说，要我举出 6 件事实在简单不过——天晓得，我太太可是能列出上千个希望她变得更好的事项——但是，我没有这么做，我告诉她：‘让我想想看，明天早上再告诉你。’

“第二天早上，我起了个大早，打电话要花店送 6 支红玫瑰给我太太，并且附上纸条写着：‘我想不出有哪 6 件事希望你改变，我就喜欢你现在的样子。’

“傍晚回家的时候，你想谁会在门口等着我呢？对啦，我太太！她几乎含着眼泪在等我回家。没必要再说什么了，我很高兴没有照她的请求趁机批评她一番。

“接下来的星期天她再去上课的时候，她把事情经过向其他人讲述出来，许多太太走过来告诉我：‘这真是我听到过的最善解人意的事。’我也因此体会到赞赏的力量。”

佛罗伦兹·齐格飞，百老汇最惊人的歌舞剧家，他因有“使美国女子显赫”的技能而得名。他多次将没人愿意再多看一眼的平凡女子打造成在舞台上具有神秘诱惑的尤物。他知道赞赏和坚信对一个人有很大的力量。因此，他用赞美和鼓励使那些平凡的妇女“感觉”自己是非常美丽、非常吸引人的。他很实际，他增加歌女们的薪金，由每星期30美元增加到175美元。他也非常慷慨，重义气，在福立士歌舞剧开幕之夜，他发了一份电报给剧中的主要演员，并给每个表演的舞女都送了一束美丽的美国玫瑰花。

我有一次也赶潮流，绝食六天六夜。那并没什么困难的，在第六天的最后，我的饥饿感比在第二天的最后的饥饿感还要少。但是，我知道，我们大家都知道，如果有人让他的家人或雇员六天六夜没吃东西，那他就犯了大罪，但他们却会六天，六星期，甚至是60年不给他们像期望食物一样的赞赏。

我们照顾我们的孩子、朋友、雇员的身体，但我们对他们自尊心的照顾是何等的缺乏啊。我们给他们牛排山薯强壮他们的体魄，但我们却忽略了给他们赞赏的温和言语，这样的话语能像晨星的妙音似的，即使过了很多年，还依然在他们的记忆中萦绕。

正如爱默生所说:“凡我所遇见的人,都在若干地方胜过我。在那若干地方,我都得向他们学习,因为我们从他们身上学到了东西。”

如果爱默生是这样,那我们是不是更应该这样?我们不能总想着我们的成就、我们的需要。我们也应该发掘别人的优点,然后,不是对他们奉承谄媚,而是真诚地给他们以赞赏。

“诚于嘉许,宽于称道”,人们就会将你的话珍藏,终生不忘——多年以后,也许你早已忘了当初说过的话,但他还仍牢记在心。

05 要想钓到鱼,得问鱼儿吃什么

每年夏天,我都会到缅因州一带去钓鱼。我个人是很喜欢吃杨梅和奶油的,但是,我发觉到了,不知出于什么理由,鱼喜欢吃虫子。所以每当我去钓鱼的时候,我想到的不是我想要什么,而是鱼儿想要什么。我不用杨梅或是奶油去引诱鱼儿,而是吊起一只蚱蜢在鱼的面前问鱼儿:“你要吃这个吗?”

当“钓”人的时候,我们为什么不用同样的理论常识呢?

第一次世界大战期间,英国首相劳合·乔治就用了这样一种方法。有人问他,他是怎样做到的,跟他同一时期的领袖如威尔逊、奥兰多及克里蒙梭都已经退职,甚至被遗忘了,而他仍然在国家事务中身居要职,他回答说,如果他的留居高位可以归功于一件事的话,这件事恐怕就是他已经明白钓鱼时必需放对鱼饵这件事。

为什么要谈论我们想要什么？那多孩子气，多荒唐。当然，你注意你所要的，除了你，没有别人注意。其余的人也都像你一样，只注意自己想要的，都对自己想要的感兴趣。

所以，世上唯一能影响对方的方法就是谈论他们所要的，并告诉他怎样才能够得到它。

当明天你要让某人做某事的时候要记住这个。比如，如果你不愿意让你儿子吸烟，不要教训他，也不要给他讲道理，你只要告诉他吸烟就进不了棒球队，或不能在百米赛跑中获胜。

不论你是应对小孩、小牛，或是猴子，你都要记住这一点。例如：有一天，爱默生和他的儿子要把一头小牛拉进牛棚，他们就犯了普通人都会犯的错误——只想自己所要的，爱默生推，他的儿子拉。但小牛也像他们一样，只想自己想要的，它挺起腿，非常坚定的拒绝离开草地。正好一位爱尔兰女仆看见了这样的一幕，这位爱尔兰女仆不会写文章，没什么知识，

但至少在这次，她比爱默生多懂得一些生活中实用的知识。她想到小牛所要的，所以她将她的拇指放在小牛的嘴里，小牛一面啜吮她的手指，一面温和的跟着她进了牛棚。

从你降生之日起做的每一种举动，都是因为你想要一些东西。你会说，捐助红十字会应该怎么说呢？是的，那也不例外。你捐助红十字会，

因为你要帮忙,因为你要做一件善良、美好、无私、神圣的事。

哈里. A. 奥佛斯特里特教授在他那本影响巨大的书——《影响人类行为》一书中说:“行动受我们基本欲望的牵动……无论在商业、家庭,还是在学校中,如果你想说服别人,最好的建议就是,让对方在心中激起一种急切的需求。你能做到这点就可左右逢源,否则你就会到处碰壁!”

安德鲁 · 卡耐基,一个贫苦的苏格兰儿童,刚开始工作的时候,每小时只有 2 美分,后来,他却捐献出 36 500 万美元——因为他很早就知道影响人的唯一方法就是要了解对方的需求。他只读过 4 年的书,但他懂得如何与人相处。

他的嫂子对她的两个儿子忧虑成疾,他们都在耶鲁大学读书,他们常年忙于自己的事情,因而忘记写信回家,对于他们母亲的担心,也不放在心上。于是卡耐基拿出 100 美元打赌,说他可以让两个孩子立刻心甘情愿的写信回家。于是,他给他的两个侄子写了一封闲聊家常的信件,在信末他提到会给他们两个每人 5 美元。但卡耐基并没有把钱装入信封。很快,两个侄子回信了。在信中,他们谢谢“亲爱的安德鲁叔叔”给他们写信,还有下面的情况我想就不用再讲了,你们也都知道了。

俄亥俄州克利夫兰市的史坦 · 诺瓦克提供了另一个有说服力的例子。一天晚上,他下班回家,发现他的小儿子蒂米躺在客厅地板上又哭又闹。蒂米明天就要开始上幼儿园,但他说什么也不愿意去。如果是在平时,史坦的反应就会是把蒂米赶到房间,叫他最好还是决定去上幼儿园,他没有什么好选择的。

但是在今天晚上,他认识到这样做无助于蒂米带着好的心情去上幼儿园。于是,史坦 · 诺瓦克坐下来想:“如果我是蒂米,我为什么会高兴地去上幼儿园?”他和他太太列出了所有蒂米在幼儿园会喜欢做的事情,如用手指画画、唱歌、交新朋友等。然后他们就采取行动。

史坦说:“我太太莉莉,我另一个儿子鲍布,还有我,开始在厨房的桌子上画指画,而且真的感受到了其中的乐趣。不一会儿,蒂米就在墙角偷看,然后他就要加入我们。‘噢,不行!你必须先到幼儿园学习怎样画指画。’我对他说。我以最大的热忱,以他能够听懂的话,把我和我太太在表上列出的事项解释给他听——告诉他所有他会在幼儿园里得到的乐趣。结果,在第二天早晨,我以为我是全家第一个起床的人。我走下楼来,发现蒂米坐着睡在客厅的椅子上。‘你怎么睡在这里呢?’我问他。‘我等着去幼儿园。我不想迟到。’我们全家的热忱已经在蒂米的心里引起了一种强烈的欲望,而这是讨论或威吓完全无法做到的。”

明天你再要劝说某人去做某事的时候,在你说话以前,先问问自己:“我怎样才能使他‘要’做这件事?”

这个问题可以让我们不会过分急躁,也不会使我们只顾自己的需要而啰啰嗦嗦,无休止的谈论我们的欲望。

有一次,我租下纽约一家大饭店的跳舞厅,准备做系列演讲用,每季度租 20 个晚上。

在某一季刚开始的时候,我忽然接到饭店的通知,他们要我付从前三倍的租金租下跳舞厅。我听到这个消息的时候,演讲的入场券已经印发,通告也已经公布。

当然，我很不愿意多付增加出来的租金，但与饭店经理理论又有什么用？他们只对他们想要的感兴趣。于是两天以后，我去见了饭店的经理。

"我接到你的信时有点惊惶，"我说，"但我绝不怪你。假如现在我是你的话，恐怕我也会写同样的一封信。这是你当经理的责任，你就要尽力为饭店盈利，如果你不那样做，饭店的老板恐怕就要辞掉你，并且你也应该被辞退。如果你坚持要增加租金的话，现在，让我们拿来一张纸，我们就在纸上分析一下这件事对你的利和弊。"

我取了一张信纸，在中间画一竖线，一边的上面写上"利"，一边的上面写上"弊"。我在"利"的这边的下面写着："跳舞厅可作他用"几个字。然后，我接着说："你们的好处是大厅可以空出来，你可以另外把跳舞厅出租给人跳舞或开会，或是发挥他更能赚钱的作用，对你来说，那非常有利。因为像那样的事，你的收入，比从演讲这里所能得到的要多。如果我在这一季占用你的舞厅20晚，你一定会丢掉那些赚钱的大生意。

"现在，让我们来讨论一下加租的弊端。首先，我占用跳舞厅演讲，不能让你增加饭店的收入，相反，饭店收入还会减少。事实上，你会没了这些收入，因为我付不起你的租金，迫不得已，我要去别处演讲。对你还有的一个不利就是，我的演讲能吸引很多的有知识的人到你的饭店来，那对饭店来说是非常好的宣传机会，是不是？事实上，如果你花费5000美元在报纸上登广告，也不会使来你饭店的人有我演讲吸引的人更多。这对饭店来说是非常合算的，是不是？"

我边说话边将这两个害处写在"弊"的这一边，然后把那张纸递给经理说："我希望你仔细考虑一下其中的利害，然后，把你最后的决定告诉我。"

第二天，我就接到了经理的来信，他通知我，租金只加50%，而不是300%。

请你注意，我没有说一个句关于减租的话，我一直都在讲对方所要的，并且告诉他怎样才能得到它。

假如，当时我按照普通人的做法，闯入他的办公室，对他说："演讲会的入场券已经印好，通告也已经发布了，你现在要给我涨3倍的租金是什么意思？3倍？你不觉得太荒谬，太不近人情了吗？我不付！"

如果是这样，那么接下来的情形又会是怎样的？激烈的辩论就要开始沸腾、扩散，而你也知道辩论会是如何收场的。即使我说得他相信他是错的，他的自尊也不会让他退让的。

这里有一个关于人际交往的很好的建议。那是亨利·福特给出的忠告。福特说："如果有所谓的成功的秘诀的话，那就是你站在对方的立场，由他的观点看事，同时兼顾自己的观点。"

这句话好极了，我要重复一遍。"如果有所谓的成功的秘诀的话，那就是你得到对方立场的能力，由他的观点看事，同时兼顾自己的观点。"

这个道理很简单，很明显地，任何人只要一看就能知道其中的道理，但世上90%的人，在90%的时间里都忽略了它。

要举个例子吗？明早看一看你桌子上的信吧，你可以看出，大多数人都违反了这种普遍的规律。

这里有一封信，是一位大运货站管理员写给我班中一位学员爱德华·浮弥兰先生的。这封信对于收信人有什么影响呢？先读这信，然后我再告诉你。

先生们：

敝货运站因大部分送交货物者都于傍晚交到，大量货物同时到达，这种情形引起我们货运站的运输工作停滞、职工加班工作、卡车发车迟缓，最终导致货物延迟等结果。11月10日，我们收到贵公司发来的511件货物，所有货物都是下午4时20分方才到达。

为减少货物迟收带来的不良影响，我们恳请贵公司能与我们合作。如果再发送如上述大宗货物的时候，可否请竭力使卡车提早到此，或将一部分货物上午送来？

这样，对于你们的利益，你们的卡车能有效循环，及你们的货物能即刻发出都会有有效的保证。

您最忠诚的

JB 管理人

浮弥兰先生读完这封信以后，写下下列意见后把信交给了我。

这封信所产生的效果与写信人的用意正好产生相反的效果。这封信从一开始就在叙述货运站的困难，一般来说，这是我们不会注意到的。然后，他再要求我们与他们合作，丝毫没有想到我们是否有什么不方便。于是，在最后一段，提到如果我们合作，我们的卡车就能有效循环利用，保证我们的货物可以在收到之日即刻发出。

换句话说，他把我们最注意的事到最后提到，整个信件产生的作用是我们更加反对，而不是想跟他们合作。

我们且看能否将这封信重写，加以改善。我们且不要浪费时间讲我们的问题，正如亨利·福特所忠告的，让我们“站在对方的立场，由他的观点看事，同时兼顾自己的观点。”下面是一种修改的方法。也许不是最好的方法，但是不是有所改善呢？

亲爱的浮弥兰先生：

贵公司为我们的好主顾已 14 年了。自然，对于你们的光顾，我们是很感激的，并极愿把你们应得的迅速有效的服务给你们。但是，我很抱歉，当你们的卡车，如 11 月 10 日那样，在傍晚交下大批货物，在这样的情况下，我们很难将贵公司的货物及时的送达。为什么呢？因为许多其他的顾客也在傍晚交货。自然的，你们的卡车会在码头受阻，有时甚至你们的货物也会延误。

此种现象极为不佳。怎样避免呢？方法是有的，你们可以将货物于上午交到码头。这样，你们的卡车就可以继续流动，你们的货物就可立刻得到处理，而我们的工人也可每晚提早回家，饱餐贵公司出品的鲜美的馄饨和面条。

无论你们的货物何时到达，我们总愿竭力迅速的服务于你们。你公务很忙,请不必费神回复。

你最忠诚的

JB管理人

不计其数的推销员,每天徘徊在路上,疲乏、颓丧,但报酬甚少。为什么?因为他们永远只想他们所要的。他们不明白你我都不想买东西,假如我们要买,我们也会自己跑出去买。我们永远注意解决我们的问题,而假如一位推销员向我们解释说明他的服务或货品,能如何的帮助我们解决我们的问题,即使他不向我们推销,我们也会买。买主都喜欢觉着他是自动的想买——而不是被人推销的。

但是,许多推销员终其一生的光阴于售卖工作,而不从买主的立场看事情。

几年前,我在纽约中心的一处名叫"森林山庄"住宅区居住,有一天,我正开车去车站的时候,碰巧遇见一位房地产经纪人,他在长岛买卖房产有几年了。对"森林山庄"一带的情况很熟悉,于是,我问他知不知道我的房子是用钢筋还是用空心瓦造的,他说他不知道,并告诉我一些我早已经知道的事情,这些事,我可以打电话向"森林山庄"询问。第二天早晨,我接到了他的一封信,他把我想知道的事情告诉我了吗?他只需花60秒钟的时间打一个电话就可以知道我想要的答案,但他没有这样做。他再次告诉我,我可自己打电话咨询一下,然后他告诉我,他愿意为我办理房屋保险。

他不想怎样能帮助我,他只想帮助他自己。

世界上有很多这样的人,攫取、自私。所以少数不自私的人,愿意为他人服务的人,就会获得很大的利益,因为没有人会在这方面与他竞争。

美国著名的律师、有名的商业领袖欧文·杨曾说过:“能设身于他人处境的人,能了解他们心理活动的人是不必为他们的前途顾虑的。”

第二章

如何使人喜欢你

关于成功的商业交往，没有什么神秘的——专心注意对你讲话的人、静静地倾听、记得别人的名字，没有别的东西会让人如此开心。当然，你也应该意识到，我们经常是因为自身的缺点而不是优点招人喜欢。

01　学会真诚地关心他人

为什么要读这本书去学习如何获得朋友呢？为什么不向世界上最善于交友的人学习交友的技巧呢？他是谁？也许明天你走到街上就会遇到它。当你走近距它十尺远的地方，它便开始摇晃它的尾巴。如果你停下来轻轻地拍拍它，它会高兴得跟什么似的跳起来对你表示它是何等的喜欢你。你也知道它的这种亲热的表示后面并无其他的动机，它不是要卖给你一块地，它也不是要同你结婚。

你曾想过狗是唯一不需要为生活而工作的动物吗？母鸡需要生蛋；母牛需要给奶；金丝雀需要唱歌。但狗借以维持生活的只是给它主人无私的爱。

在我5岁的时候，我的父亲曾送给我一只黄毛小狗。它给我的童年时光带来很多光明和乐趣。每天下午4点半左右，它都会坐在我家前庭，用它美丽的眼睛望着门前的小道，一听得我的声音，或望见我吊荡着饭盒穿过矮林时，它便会箭一般的气喘喘地跑上小山，高兴地跳着，叫着，迎接我。

泰比从未读过任何心理学的书籍，它也不必读。凭着自己的天赋和本能，在两个月内，借着对人表示的亲热就交到了好朋友，可是我们许多人却很难在两年之内，靠着吸引别人的注意交到朋友。我们都知道，有的人，这一生都在错误地让别人对他们自己感兴趣。

当然，那是不行的。他们对你不感兴趣，他们对我也不感兴趣。他们只对他们自己感兴趣，不论早晨、中午，还是晚饭后。

纽约电话公司曾以电话采访的形式做过一个详细的调查，以求得人们生活中最常用到的字是什么。你应该已经猜到了，那就是人称代名词

"我"。500次的电话谈话中,曾用过3990次"我"。当你看一张有你在内的团体相片的时候,你最先看的是谁的像?

假如我们只是想引起别人的注意,让别人对我们感兴趣,我们永远也不会获得真诚的朋友。朋友,真诚的朋友,不是那样来结交的。

拿破仑曾试过这个方法,在他最后一次与约瑟芬见面时,他说:"约瑟芬,我比其他人更幸运,然而,在现在这个时候,值得我信任的人就只有你。"而历史学家们也认为他的这句话是不是可信还是个疑问呢!

阿尔弗雷德·阿德勒,维也纳著名心理学家,他写过一本书,叫《生活对你的意义》。在书中,他说道:"对别人不感兴趣的人,生活中遭遇的困难最大,对别人造成的损害也最大。所有人类的失败,都在这些人身上发生。"

你可能读过数十卷深奥的心理学著作,却没遇到一句对你来说最重要的话,我不喜欢重复,但阿德勒的这句话太有意义了,所以我要在下面重复一遍:

对别人不感兴趣的人,生活中遭遇的困难最大,对别人造成的损害也最大。所有人类的失败,都在这些人身上发生。

我曾经在纽约大学选修短篇小说写作课程,一位杂志社编辑给我们上过一课。他说,他只要随便拿起每天在他书桌上的数十篇小说中的任何一篇,读过数段之后,他就能感觉得到小说的作者是否喜欢别人,"如果作者不喜欢别人,"他说,"别人也不会喜欢他的小说"。

如果写小说是那样,那么,你可以确信,面对面地跟人相处就更应该是这样。

霍华德·塞斯顿上次在百老汇表演时,我在他的化妆间待了一个晚上,塞斯顿是公认的魔术大师,是魔术之王。40年来,在全世界各地都曾演出过,他的幻术迷惑观众,叫人目瞪口呆。有6000万以上的人都曾亲临现场观看他的表演。他的财产大约有200万美元左右。

我请塞斯顿先生告诉我他成功的秘诀。他的成功与学校教育完全没有关系。因为他在幼年时就已经离家出走，成为一个流浪的孤儿。他坐过货车，睡过草堆，还曾挨家挨户讨饭。他是在车上观看沿途的广告牌才认识了几个字。

他有高人一等的魔术知识吗？不，他告诉我，被人写过有关幻术的书已有数百册之多，关于幻术，很多人知道的跟他一样多。但他有两件东西是别人所不具有的，第一件，他有感染台下观众的能力。他是个魔术表演巨匠，他深谙人情。他的每一个动作，每一种手势，每一种声调，就算是提眉微笑这样的小事，他都要预先练习。他的每一个动作都是不差分毫的完成。除此而外，塞斯顿对他的观众真诚的感兴趣。他告诉我，许多魔术师看着观众却对自己说，"看，那里是一群蠢猪，一群土包子，我要让他们目瞪口呆。"但塞斯顿的做法却与他们完全不同。他说，每次他上台时，他都会对自己说："这么多人来捧我的场，愿意看我表演，我从内心真诚的感谢他们，是他们让我有舒适的生活，我要尽我所能，把我最好的表演展示给他们看。"

他说，在他没上台之前，他都会提醒自己不要忘记对他自己说："我爱我的观众，我爱我的观众。"可笑吗？荒唐吗？你怎么想都可以，我只不过是把自古以来最著名的魔术师所信奉的为人处世的方法未加任何评论的告诉给你。

这也是西奥多·罗斯福非常受人欢迎的一个秘诀。他的仆人非常尊敬他，他的一个侍从爱默士曾写过一本关于他的书，名为《罗斯福——侍从眼里的英雄》。在这本书里，爱默士举了这样一个例子：

"有一次，我的妻子问总统关于鹑鸟的事。她从来没有见过鹑鸟，总统就对她详细的讲述。一段时间以后，有一天，我房间里的电话突然响了。（爱默士和他的妻子住在牡蛎湾罗斯福住宅里的一间小屋里）我妻子接的电话，打电话的就是罗斯福先生。他说，他打电话是想告诉她，她的窗外正好有一只鹑鸟，如果她向窗外看，她可以亲眼看见鹑鸟的样子。像这样的小事正是显示了罗斯福总统的优秀品质。无论什么时候，他经过我们的屋子,即使是看不见我们,他也会‘嗳……安尼!’或‘嗳……詹姆士!’的向我们打招呼。那是他经过时的一种友善的问候。”

雇员们怎么会不喜欢那样的老板?又有谁会不喜欢这样的人呢?

有一天罗斯福来白宫拜访,正值塔夫脱总统及夫人外出。他亲切和蔼的对待下人的美德正好在这种场合中体现出来。他叫着每一个老仆人的名字,和他们打招呼,连在厨房里洗碗的女仆也不例外。

“当他看见厨房的女仆爱莉丝的时候,”阿奇·巴特曾记载说,“他问她是否还做米烤面包。”“爱莉丝告诉他说,她有时候会做给仆役们吃,但楼上没有人吃。”

“‘他们不懂品尝,’”罗斯福大声说,“‘我见到总统时,一定要这样告诉他。’”

“爱莉丝取了一块烤面包,放在盘子上递给他。他一边吃一边向办公室走去。一路上,他向所有他见到的人问好……

“他对每个人的称呼还像他以前一样。仆役人都低声谈论着他们平易近人的总统。曾在白宫当过 40 年仆役的艾克·胡佛含着泪说:‘这是我们在差不多 2 年的时间里唯一快乐的一天,我们谁也不会拿这一天跟一张 100 美元的钞票交换。’”

几年前,我在布鲁克林艺术科学研究院举行一次小说写作课程的演讲,我们非常希望能请到诺吕士、赫斯德、泰勃尔、德恩、许士以及其他一些著名的作家到布鲁克林来给我们做演讲。所以我们写信给他们说,因为我们很羡慕他们的作品,并深切希望他们能来现场给我们以指教。借此能学习他们成功的秘诀。

每封信都有大约150个学生的签名,我们知道那些作家都很忙,没有预备演讲的时间,所以,我们在每封信中都附上一张写有问题的单子,他们很喜欢这种方式,谁会不喜欢呢?所以他们都答应了我们的要求亲临布鲁克林为我们提供帮助。

用同样的方法,我们还请到了西奥多·罗斯福内阁的财政总长莱斯利·肖,塔夫脱内阁的司法总长乔治·维克沙姆、威廉·詹姆斯·布莱恩、富兰克林·罗斯福,以及许多别的杰出的人物来给我们的同学做演讲。

假如我们要交朋友,我们要多为别人做事——做那些需要时间、精力、公益、奉献的事。

在爱德华公爵还是英国皇储的时候,有一次,他计划周游南美。在他出发以前,他花了好几个月的时间,学习西班牙语言,以便能用当地语言交流演讲,因此,南美洲的人很喜欢他。

多年以来,我都在认真的打听我朋友们的生日。我是怎样做的呢?我虽然根本不相信星象学,但我问对方,问他是否相信生辰与性格有关系,然后我请他告诉我他生辰的年月日。待他不注意时,我就将他的姓名生日记下,以后再转抄到生辰簿上。每年年初,我就将这些生日记在我案头的日历上,每当有朋友过生日的时候,我总会写信或发电报祝他们生日快乐。他们是那么的高兴!我大概是世上他们记忆最深的那个人。

如果我们要交朋友,我们要真诚、热情地向人致意,有人打电话给你的时候,你也要用同样的声音对他说“喂”,你要让他觉得你是多么喜欢他打电话给你。

费城有一个人叫C. M. 纳夫尔,多年来,他一直努力想把他的煤卖给

一家大型的连锁商店。但这家连锁商店仍旧从市外的一个煤商那里买

煤,并且运输的汽车就经过纳夫尔先生的办公处门口。纳夫尔先生有一晚在我班中作演讲,发泄他的气愤,大骂这家连锁商店对国家来说是一种罪恶。

但他依然不知道自己为什么不能把煤卖给他们。

我建议他采用不同的方法试试,事情的经过是这样的,我在班中组织了一场辩论赛,辩题是“论连锁商店的广布,对国家的利与弊”。

按照我的建议,纳夫尔加入反面,他同意为连锁商店辩护,然后他跑去对他一直轻视的连锁商店的经理说:“我来不是来卖煤给你的,我来是想请你帮我一个忙。”然后他向他说了辩论的事情。“我来请你帮忙,因为我想不起还有什么人能提供给我我所需要的资料。我想赢得这场辩论的胜利,无论你能给我什么样的帮助,我都会特别的感谢你。”

下面是纳夫尔关于后来情形的叙述:

我请求那位经理只给我一分钟的工夫。因为这样他才肯见我。待我说明我的来意以后,他请我坐下,跟我谈了一小时零四十七分钟。他还叫来另一位主管,这位主管曾写过一本关于连锁商店的书。他写信给全国连锁商店联合会,还为我拿来了一份关于这题目的资料。他觉得连锁商店真正做到了为人群服务。为此,他很自豪。他说话的时候,眼中都绽放

着光彩。而我也必须承认,他让我开阔了眼界,让我看见了做梦都没有看见过的东西。是他改变了我的心态。

我要离开的时候,他陪我走到门口,把手放在我的肩上,祝我辩论胜利,并邀请我再去看他,告诉他辩论的结果。最后,他对我说的是:"到春末的时候,你再来找我。我想跟你合作。"

对我来说,这真是一件奇事。我没跟他提过要他买我煤的事情,他竟然主动说要买我的煤。我因为从内心深处真实的对他及他们的事情感兴趣,所以在两个小时内我完成了我十年都没有完成的事情。

纳夫尔先生,你发现的并不是一种新的真理,因为很久以前,在基督降生的百年以前,古罗马著名的诗人帕里亚斯·西罗士就曾说过:"我们对别人的事情感兴趣,别人才会对我们的事情感兴趣。"

在纽约长岛选修我们课程的马丁·金斯伯格说,一位对他特别关怀的护士,深深影响了他的一生。

在我10岁那年的感恩节当天,我住在城里一家医院的免费病房里,准备接受第二天的整形手术。我知道在以后的几个月里我都不能外出,还要忍受疼痛,等待伤口复原。我的父亲已经过世,母亲和我住在一间小公寓里,接受社会福利救济。那一天,母亲不能来看我。

那一天到来了,我感到十分孤单、绝望和恐惧。我知道母亲一人在家为我担心,而且没有人陪她,没有人同她一起吃饭,甚至没有钱吃一顿感恩节晚餐。

泪水涌在我的眼里,我把头埋在枕头和棉被下面,尽量不使自己哭出声来。但我实在太伤心了,因此哭得整个身体都颤动不已。

有位年轻的实习护士听到我啜泣的声音,急忙跑过来。她掀掉棉被,拭去我脸上的泪水,然后告诉我,她今天得留在医院工作,不能和家人在一起,所以也感到很孤单。她问我愿不愿意跟她一道用餐,然后,她便拿了两份食物过来:有火鸡片、马铃薯泥、橘子酱和冰淇淋等。她跟我聊天,让我不至于感到害怕,一直到下午4点当班的时候,她才离开。她在晚上

11 点钟回来,陪我玩儿,同我聊天,直到我睡下了才离开。

从我 10 岁以后,一年一年的感恩节来了又去,却只有一个感恩节永远长留在我心头。在那个特别的日子里,有我的挫折、恐惧、孤单,还有来自一位陌生人的温情和关怀。

所以,如果你想让别人喜欢你,或者培养真正的友谊,或是帮助别人又帮助自己,那么就要牢记,对别人表现出诚挚的关切。

“我们对别人的事情感兴趣,别人才会对我们的事情感兴趣。”真诚是必不可少的,要培养真正的友谊,或是帮助别人又帮助自己,那么就要记着,对你身边的人和事表现出足够的关心。

02 微笑是最好的语言

在纽约的一次宴会上,有一位客人,他是一个拥有巨额遗产的妇人,她非常希望大家能对她有一个良好的印象。她花了很多钱购买貂皮、钻石、珍珠来装扮自己,但她对她的面部表情却不加注意。她的神情显示出了她刻薄、自私。她不知道每个人都知道的一点:一个女人脸上的表情比她身上穿的衣服要重要得多。

查尔斯·斯瓦伯告诉我说,他的微笑现在已经价值 100 万美元。他暗示的大概就是这个道理。斯瓦伯的人格、他的魔力、他的使人喜欢他的能力,可以说就是他成功的原因,而性格中最可爱的因素,就是他那令人倾心的微笑。

行为胜于言论,微笑就是在对别人说:“我喜欢你,你让我感觉快乐,我喜欢见到你。”

那就是为什么狗会如此的讨我们喜欢。它们是何等的喜欢看见我们,喜欢到甚至要从他们的皮里跳出来一样。所以很自然的,我们也喜欢看见它们。

一个没有诚意的微笑也会有这种效果吗?不是的,是不是真诚的微笑我们可以看得出来,那欺骗不了任何人。我们讨厌那种谄媚的、假意的微笑,我们在这里讲的是发自内心的、真诚的微笑。那种能在市场上卖得好价钱的微笑。

纽约一家百货商店的人事经理告诉我,他宁愿雇用一个小学没毕业的女职员,如果她有一个可爱的笑脸,也不愿雇用一位表情冷淡的哲学博士。

美国一家大橡皮公司的董事长告诉我说,据他的观察,一个人无论做什么事,除非高兴去做,否则很少成功。这位实业领袖不大相信这句话:只有苦干才是打开我们欲望之门的神奇钥匙。他说:“我认识的人,他们之所以成功,是因为他们乐意经营他们的事业。后来,我看见那些人开始苦干,工作就变得沉闷,他们失掉了工作中所有的乐趣,所以,最后他们失败了。”

如果你希望别人因为看见你而兴高采烈,你就要在见到别人时同样兴高采烈!

我曾请数千位商界人士,在一天中每一个小时都要对别人微笑,一个星期以后到班中来讲述这样做的结果。结果如何呢?我们且看这是纽约证券交易所会员威廉. B. 司丹哈德的一封信。他的情形并非特例,事实上,他只是数百人中的一个代表。

“我结婚已有 18 年多了,”司丹哈德先生写道,“在这期间,在我起床到我预备好出门做事的这段时间里,我很少对我妻子微笑,或说上二三十个字,我是行走在百老汇街上的脾气最坏的一个人。

当你请我对于微笑的经验做演讲，我就想试一个星期看看。所以第二天早晨，当我梳头的时候，我看着镜中自己沉闷的面孔对自己说，'比

尔，你今天要一扫你往日的愁容，你要微笑，就从现在开始。'在我坐下吃早餐的时候，我向我妻子打招呼说，'亲爱的！早！'我微笑着看着她。

你曾提醒我，她或许会惊讶。是的，但是你还是低估了她的反应，她迷惑了，她震惊了。我告诉她，将来这样的事情会变得十分平常。到现在，我已经坚持了有两个月了。

我就这样轻易地改变了我对生活的态度，在这两个月中，我的家人得到的快乐比过去一年的快乐还要多。

现在，在我去办公室的时候，我对公寓中开电梯的人说，'早'，并且面带微笑；我对门口的守卫微笑；我在地铁小店里兑钱的时候对伙计微笑；我在交易所对以前我从未见过的所有人微笑。

不久，我就发觉人人都反过来对我微笑。我对那些来向我报怨诉苦的人，以和悦的神色相待。我静静地听他们抱怨的时候依然面带微笑。因为这样，我觉得调解变得很容易。我觉得微笑每天都给我带来了财富，很多很多的财富。

我同另一交易员合用一间办公室，他有一个可爱的年轻秘书，我对我近来得到的结果非常满意，所以我就将这人际交往的哲学告诉给了他。

然后他非常坦诚地说，当我刚来跟他合用一个办公室的时候，他觉得我是一个脾气坏透了的人——近来他才改变了他的想法，他说我对人微笑的时候真的充满了人性。

我现在已经不轻易批评人了，我更喜欢欣赏称赞，不喜欢指责。我也已经不再讲我想要什么，而是经常参考别人的意见。这些事都真实的改变了我的生活，我现在跟以前完全不同，我比以前更快乐，生活更丰富，朋友们也更开心——毕竟，这才是最主要的事。"

你不觉得自己应该多笑笑吗？那么怎么办呢？有两件事可以做。第一，强迫你自己微笑。如果你是单独一个人，你就勉强自己吹口哨，或哼哼小调，或唱唱歌。做的好像你很快乐的样子，那就能使你快乐。

威廉·詹姆士曾这样说过："行动好像是跟随着感觉走的，但实际上，行动与感觉是并行的。我们能使直接受意志管理的行动有规律，我们也能使间接受意志管理的情感有规律。因此，如果我们失去了欢乐，这意味着我们得到了重新欢乐的机会，就好像高兴地坐着，高兴地行动说话，就好像高兴已经在那里一样……"

世界上每个人都在寻求快乐——但是只有一个方法可以确实地得到快乐，那就是自己控制自己的思想。快乐不关乎外界的情况，他只依靠你内心的想法。

两个人在同一个地方，做同一件事，彼此有同样多的钱与声望——但还是会一个痛苦一个快乐，为什么呢？因为他们的心境不同。

"事无善恶，思想使然。"莎士比亚说。

美国历史上最伟大的总统之一亚伯拉罕·林肯有一次曾说："人们的快乐大多跟他们想要的差不多。"他说得不错。我近来看见的一件事有力的验证了这句话。我从纽约长岛车站下车正往楼梯上走的时候，在我前面有三四十个残疾儿童，他们拄着拐杖非常吃力地往台阶上走，其中一个小男孩还需要有人抱着。但他们欢乐的神情却使我非常震惊。我对这群孩子的负责人说了我的看法，他说："是啊，当初他们知道自己将终生残

疾的时候，他们也很惶恐，但惶恐过后，他们知道，他们必须面对已经残疾的事实。所以，他们现在比一些身体健康的孩子还要快乐。"

我从心里真诚的佩服这些残疾的孩子。他们的精神给我上了一课，我希望我能永远的记住。

仔细阅读下面成功学家哈伯德的一点明智的建议吧——但你要记住，如果你不照着去做，阅读是不会给你带来任何效果的。

你每次出外时，请将下巴往里收，把头抬高，深呼吸，吸收阳光，对你的朋友真诚的微笑，每次握手都集中精神。不要怕被人误会，不要浪费每一分钟去想你不喜欢的人。要在心中确定你喜欢做什么，然后勇往直前的大胆去做。把精力集中在你喜欢做的伟大的事情上。在以后的时间里你会发觉，在不知不觉中你就把握住了你梦寐以求的机会。就像珊瑚虫在洋流中得到了它所需要的原质一样。在脑中想象你希望成为的有能力的、诚恳的、有用的人，然后坚持你的思想，时时刻刻改进自己，把自己变成你希望成为的那种人……思想是至高无上的。保持一个良好的心态——勇敢、诚实、乐观的态度。思想就会指导你去创造，所有的愿望都会心想事成，我们心中想什么，我们就会拥有什么。收起你的下巴，抬高你的头，明天我们就是神仙。

中国古人非常聪敏——明于世故，他们有一句格言，我们应该把它写在帽子里时刻提醒自己。“非笑莫开店”(和气生财)。

几年前,纽约市的一家百货商店,考虑到圣诞购物高峰期间售货员要承受的巨大压力,在店里挂了这样一个牌子,为我们提供了一套非常实用的家庭哲学:

圣诞节最有价值的微笑。

它不需要任何成本,但却为我们带来很多。

它使受者获益,给予者却没有任何损失。

它发生在一瞬间,但却让人永世不忘。

没有人富到不需要它,但贫穷的人却都因为它富了起来。

它给家人带来欢乐,给生意伙伴留下好感,它是朋友间的暗号。

它可以让疲惫的人得到休息,给失望的人带来光明,他是悲伤者的阳光,是大自然中最好的解毒药。

但它买不到,求不到,借不到,偷不到。因为它在给予以前,对谁都没用!

假如在圣诞节购物的最后一分钟,我们的售货员也许太疲倦,也许太忙碌,以致不能给你一个微笑,请我们留下自己的微笑,可以吗?因为没有人比没有什么可给的人更需要一个微笑了。保持微笑吧。

大师金言

微笑表明心境良好。面露平和欢愉的微笑,说明充实满足,能善待别人。这样的人一定会感染别人,别人自然乐于与之交往。

03　记住和尊重他人的名字

1898 年,诺克兰郡发生了一件十分悲惨的事件。有一个孩子死了,而在这一天，他的邻居正准备奔赴葬礼，吉姆·发利到马棚中去牵马，地上积满了雪，天气寒冷。那马有好几天没运动了，吉姆·发利把它牵到水槽的时候，它在地上打起滚来，双蹄向空中踢去，竟把发利踢死了。所以，在那个星期，这个小小的村子办了两个丧礼，而不是一个。

吉姆·发利留下了一个寡妇，三个孤儿，还有几百元的保险金。他最大的儿子吉姆刚刚 10 岁，他到砖厂去工作，往模型里摇沙子，把砖放在一边，在太阳下晒干。吉姆没有机会继续上学接受教育，但因为爱尔兰人特有的乐观的性格，加上他坚持不懈的努力，很多人都非常喜欢他，他参加过政治，多年以后，他养成了一种记忆人名的奇异能力。

他从来没有念过中学，但在 46 岁以前，有四所大学授予他学士学位，他成了民主党全国委员会的主席、美国邮政总监。

我有一次访问吉姆，问他成功的秘诀是什么。他回答：“苦干。”我说：“不要开玩笑。”

然后，他问我，我以为他成功的原因是什么。我回答说：“我知道你能叫出一万个人的名字来。”

“不，你错了，”他说，“我能叫出 5 万人的名字。”

没错，吉姆的那种能力曾帮助罗斯福入主白宫。

在吉姆为一家石膏公司作推销员的那些年，在他担任石点村书记职务的时候,他发明了一种记忆姓名的方法。

最初,他的方法极为简单。每当他遇见生人的时候,他或她的家庭,生意和政治上的意见,他的完整名字和一些事实他都会问得一清二楚,然后在大脑中好好地记住这些事情,大致有个印象,下次再遇到那个人时,即使是一年以后,他也一样能拍拍他的肩,问候他的妻子儿女,以及他后院的花花草草。无怪乎,有那么多的人愿意追随他。

在罗斯福开始竞选总统的前几个月,吉姆一天写了数百封信,发往西部及西北部各州。他跳上火车,在 19 天里,走访了 20 个州,行程 12 000 里,然后,他乘坐马车、火车、汽车、快艇旅行。他每来到一个城镇,就和那里的人一起吃午餐或早点、茶点或晚餐,他与他们倾心交谈,然后,再奔赴下一个旅程。

他一回到东部,就立刻给他拜访过的一个人写信,请他将他所有跟他谈过话的客人的名单寄给他。最后,名单上的名字多得数不清,但名单中所有列举的人,吉姆都给他们写了一封亲切的信件。这些信都是用"亲爱的比尔"或"亲爱的杰"开头,信的最后总签着他的名字——"吉姆"。

吉姆很早就已经发现,与世上所有的名字相比,人们只对自己的名字感兴趣。你能记住别人的名字并叫出来,你就已经对他做了很有效的恭维。但如果你忘了或记错了别人的名字——你就是把你自己放在了非常不利的地位。例如,我曾在巴黎组织过一次关于演讲词的课程,我向城中所有的美国居民都发了邀请信。但是,这个打字员是个法国人,英文程度很低,他把一个人的名字拼错了。这个人是巴黎一家美国大银行的经理,他给我写了一封措辞严厉的信。

安德鲁·卡耐基成功的原因是什么?

他被称为"钢铁大王",但他自己关于钢铁制造其实懂得很少。替他工作的有很多人的钢铁知识都比他懂得多。

但他知道如何与人相处——那是使他成为富翁的真正原因。早些时候,他就已经显现出了超群的组织领导才能。在他十岁的时候,他就发现了人们对自己的名字非常重视。他利用这一发现跟人取得了合作。当他还是一个孩子时,他得到了一只公兔,一只母兔。不久后,就有了一窝小兔——可是没有东西喂养它们。但他想到了一个十分聪明的办法,他告诉村子里的孩子说,如果他们愿意为他的小兔采来充足的蒲公英与金花菜,他就用他的名字来给小兔命名,以做纪念。

这个方法的神奇功效,卡耐基永远不会忘记。

多年以后,在商场上应用了同样的心理学,这使他获利数百万。例如,他要把钢铁路轨出售给宾夕法尼亚铁路,汤姆生是当时宾夕法尼亚铁路局的局长。所以,卡耐基在匹斯堡建造了两所大钢铁厂,命名为"艾德加·汤姆生钢铁厂"。

当卡耐基与普尔曼互相竞争卧车经营权的地位时,这位钢铁大王又想起了养兔子的经验。安德鲁·卡耐基控制的中央运输公司正和普尔曼的公司激烈竞争。双方都想得到联合太平洋铁路卧车的营业权,两个公司互相排挤、削价,毁坏了所有本应获利的机会。卡耐基与普尔曼都到纽约去见联合太平洋的董事。一天晚上,在圣尼古拉旅馆中,卡耐基遇到了普尔曼,他说:"晚上好,普尔曼先生,我们两个不是自己在作弄自己吗?"

"你是什么意思?"普尔曼问道。

于是,卡耐基发表了他的意见——两个人放弃竞争转为合作。他用优美的词句叙述着互相合作而不竞争的彼此利益。普尔曼认真地静听着,但还没有完全相信。最后他问道,"你打算给新公司取什么名字?"卡耐基立刻回答说:"嗯,当然是普尔曼皇宫卧车公司。"普尔曼笑了,对卡耐基说:"到我房里来 ,我们来详细谈谈。"那次谈话创造了工业历史的奇迹。

卡耐基这种记忆与尊重他朋友及同事的名字的政策是他成为商业领袖的一种秘诀。他能叫出许多工人的名字,并引以为荣,他还自夸说,在他管理工厂期间,从来没有出过罢工、扰乱工厂正常秩序的事情。

图书馆、博物馆的丰富收藏,常常是从那些不愿看见他们自己的名字日后被遗忘的人那里得来的。纽约公共图书馆里有爱斯德与伦诺克斯的收藏。大都会博物馆永留着本杰明·阿特曼与 J. P. 摩根的名字。几乎每个教堂都缀着彩色玻璃窗,为的是纪念捐赠人的姓名。

多数人不记得别人的名字,只因为他们没有下必需的时间与精力,去集中注意,反复把姓名牢记在心。他们还为他们自己找借口说因为他们太忙。

富兰克林·罗斯福堪称一位伟大的成功者,可以说没有人比他更忙,但罗斯福甚至对他所接触的机械匠的名字也用心去记忆。

例如:克莱斯勒汽车公司为罗斯福先生特制了一辆汽车。因为他的腿瘫痪,无法使用标准设计的汽车。F. W. 张伯伦和一位机械匠将汽车送到白宫。我面前有一封张伯伦的信,信里叙述了这件事。“我教罗斯福总统如何驾驶这辆装置了很多特别机关的汽车;但他却在与人相处的艺术方面教了我很多。”

“当我到白宫访问的时候,”张伯伦先生写道,“总统非常高兴,他亲切地叫着我的名字,使我感觉非常舒服,特别使我印象深刻的是,他非常认真地听我对他讲这车的使用方法及应该注意的问题。这辆车的设计十分完美,它可以完全用手操作。一群人围在车的周围,罗斯福说:‘我觉得这辆车的设计非常神奇,只要按一下开关,即能开动它,驾驶起来毫不费力。我觉得这辆车特别好。——我不懂它是怎样来发动的,我真希望有时间把它拆开来看看它是如何发动的。

“当罗斯福的朋友和助手们都在羡慕这辆车的时候,他当着他们的面对我说:‘张伯伦先生,我真的非常感谢你为设计这辆车所花费的时间及精力,这真是一件完美的艺术品。’他赞赏辐射器,特别反光镜,还有钟,特别照射灯,椅垫的样式,驾驶座位的位置,衣箱内的特别衣架,每个衣架上都有一个标记。换言之,他注意了车的每一个细节,他知道关于这些,我是费了许多心思的。他还特意将这些细微之处指给他的夫人,劳工部长,及他的秘书波金女士看。他甚至让他的老黑人侍者也上前来看看这件完美的艺术品。还对这位侍者说:“乔治,你对那衣箱要特别注意,一定要帮我好好保养它。”

“当驾驶课程上完之后,总统转过来对我说:‘好了,张伯伦先生,我已经让联邦储备局的人等了30分钟了。我现在要回去工作了。’

“我还带了一位机械匠到白宫去,他到了以后,我向总统先生介绍他。他没有同总统交谈,而罗斯福总统也只听到他的名字一次。他是一个很怕羞的人,躲在人群后面。但在总统离开以前,他来到这位机械匠面前,亲切地与他握手,叫他的名字,并感谢他到华盛顿来给他送车。他的致谢一点都不草率,我能感觉得到他的真诚。”

“回到纽约几天之后,我接到罗斯福总统亲笔签名的照片,还有他简短的感谢信,他再次对我给予他的帮助表示感激。他怎么会有时间做这样的事呢?我真的很奇怪。”

富兰克林·罗斯福知道一种最简单、最明显、最重要的得到别人好感的方法,就是——记住别人的名字,让人觉得他很重要——但我们中间有多少人记住别人的名字了呢?

大多数时候,我们跟陌生人谈了几分钟以后,在临别时,连人家的姓名都记不住。

一个政治学家应该学习的第一课就是:“记得一个选民的名字,你就具有政治家的风度,忘记了选民的名字,你自己就会被遗忘。”

记忆姓名的能力在事业与交际上,同在政治上差不多同样的重要。

法国皇帝拿破仑三世，即伟大的拿破仑的侄子，曾自夸说，虽然他国务繁忙，他仍能记住所有他见过的人的姓名。

他用的是什么方法？很简单。如果他没有听清楚别人的姓名，他会说，“对不起，我没有听清您的名字。您能再重复一次吗？”如果是一个不常见的姓名，他会说：“能告诉我是如何拼的吗？”

在谈话中，他会费尽心思将别人的名字反复记忆，并在脑海中试着把这人的姓名与这人的面孔、神色及外观联系起来记忆。

如果这人对他来说非常重要，拿破仑就会更费尽心思了。在他一个人的时候，他会立刻将这人的姓名写在纸上，注意观看，牢记在心，然后把纸撕碎。这样，他就在大脑中将这个人的名字及这个人的相貌联系在一起了。

所有这些事都需要花心思。爱默生说：“良好的礼貌修养是从小事中积累起来的。”

大师金言

记住，把这个人的名字当做是人类语言中最甜美最重要的声音来记忆 。

04 学会倾听他人讲话

最近我应邀去参加了一个纸牌会。我不会打纸牌——有一位女士，她也不会打纸牌。她知道我在洛威尔·汤普森从事无线电事业之前，曾做过私人经理，当时我曾到欧洲各地去旅行帮助汤普森预备他要播发的讲解旅行的声片。所以她对我说："啊，卡耐基先生，我希望你能给我讲讲你见过的所有的名胜奇景。"

我们刚坐在沙发上，她说她跟她的丈夫刚从非洲旅行回来。"非洲！"我说，"多有趣啊！我一直想去非洲看看，但除了在阿尔吉斯停留过24小时外，我没去过其他地方。跟我说说，你曾游历过野兽的乡间，是吗？真幸运啊！我好羡慕你！你给我讲讲非洲的情形吧。"

我们谈了大约有45分钟，在这期间，她不再问我到过什么地方，看见

过什么东西了。她不想听我谈论我的旅行，她所要的不过是一个专注的静听者，借讲述她所到过的地方来满足她的自重感。

这位女士的情况是特例吗？不是，有很多人跟她一样。

例如，最近，我在纽约出版商格利伯的宴会上遇见一位著名的植物学家。我没有跟植物学家说过话，但我却觉得他非常有诱惑力。我就坐在椅子上，认真地听他讲大麻，大植物学家勃办及室内花园等，(他还跟我说了一个关于马铃薯的故事。)我自己也有一个室内小花园——他非常热情的教我如何解决我的花园的问题。

我已经说过，我们是在宴会中。既然这样，那一定还会有别的客人在那里，但我犯了礼节上的错误，忽略了其他所有的人，而与这位植物学家谈了数小时之久。

到了凌晨，我跟其他人一一道别，就在这时，这位植物学家转向宴会主人，向主人极力地夸赞我。说我是世界上“最富激励性的人”，我是这样，我是那样，等等。最后，他说我是一个“最有趣味的谈话家”。

一个最有趣味的谈话家？我？我当时没说过什么话呀。如果我不挑开话题，就算是要说，我也不知道说什么，从何说起呀。因为我对于植物学知道的不会比企鹅的解剖学知道得多。但我却一直在静听，听他讲所有的一切。因为我是真的对他所讲的非常感兴趣。他也觉察到了这一点，当然，他会非常高兴。

静听是我们对别人的一种最高的恭维。

一个成功的商业会谈的秘诀是什么？曾任哈佛大学校长的查尔斯·爱略特说：“成功的商业交往，没有什么秘密可言……用心关注跟你讲话的人极为重要。没有别的东西像这个那样使人如此开心。”

很明显，是不是？你无需在哈佛读书四年去发觉这点。你我都知道，有的商人租用华贵的店面，陈设动人的橱窗，花费成百上千的广告费，然后，雇用一个不知道专心听别人讲话的店员——或中止顾客讲话的、反驳他们的、激怒他们的，几乎要赶他们出店的店员。

始终挑剔的人，甚至最激烈的批评者，常在一个能忍耐、有同情心的静听者面前软化降服——静听者要在气愤的寻衅者像一条大毒蛇张开嘴巴吐出毒物一样的时候静听。

纽约电话公司数年前曾遇到了一个咒骂接线员的非常凶的顾客。他咒骂,他发狂,他恫吓要拆掉电话,他拒付那些他认为是不合理的收费,他写信给报馆,他向公众服务委员会屡屡申诉,并对电话公司提起数宗诉讼。

最后,公司派了一位最富技巧的"调解员"前去拜访这位脾气暴躁的顾客。这位"调解员"静静地听顾客抱怨,让这位好争论的老先生发泄他的大篇牢骚,并说"是"同意这位老先生的观点,同情他遭遇到的一切。

"我听那位顾客在那里抱怨、咒骂,差不多有三小时,"这位"调解员"在作者班中叙述他的经验时说,"以后我再去的时候,继续听他说。我共拜访他四次,在第四次访问结束以前,我成为他正始创的一个某组织的会员,他给这个组织起名为'电话用户保障会'。我现在仍是这个组织的会员,但就我所知,除这位先生以外,我是这世上唯一的会员。

"在这几次的访问中,我静静地听,并且同情他所说的任何一点。从来没有电话公司的人那样的跟他谈话,他变得越来越友善了。我见他的目的,在第一次拜访时,我没有提,在第二次、第三次拜访时也没有提到,但在第四次,我结束了这一案件,他把所有的欠账都付清了,并在他与电话公司为难的过程中,他第一次撤销他对公众服务委员会的声诉。"

毫无疑问的,这位先生自认为他是在为公义而战,保障公众的权利不受无情的剥削,但实际上,他想要的是一种自重感。他挑剔、报怨,以此得到这种自重感,但当他在由公司派去的代表那里得到自重感时,他所有不切实的冤屈就立刻无影无踪了。

多年前,有一个贫苦的从荷兰移居到美国的孩子,在学校下课后,就去为一家面包店擦窗,每星期赚半美元。他家非常贫寒,因此,他经常到街上去捡掉到沟渠里的碎煤块。那个孩子名叫爱德华·布克,一生只受过六年的学校教育,但到后来,他竟然成为美国新闻界最成功的杂志编辑。他是怎么做到的？说来话长，但他是如何开始的，在这里，我们可以简单的叙述。他就是用本章所提出的原则作为他的开端。

他在 13 岁时离开学校，到西部联合组织做童工，每星期有 6.25 美元的工资，但他却从来没有放弃求学的意念。不但如此，一有机会他还自学。他把不坐车子、不吃午饭的钱积攒起来，为的是买一本《美国名人传全书》——后来，他做了一件从未曾听人说过的事情。他读了名人传记以后，给书里提到的每个人写信，请他们把有关他们的童年时代的故事信息补充完整，他是一个善于静听的人。他鼓励名人讲述他们自己。

他写信给那时正在竞选总统的詹姆斯·加菲尔德大将，问他是否确实曾在一条运河上做拉船的童工，加菲尔德给他回了信。他写信给格兰

特将军，询问某一战役的情况，格兰特将军为他画了一张地图并邀请这位 14 岁的孩子吃晚饭，并且和他谈了整整一夜。

这位为西部联合组织送信的孩子不久便和国内最著名的人都通了信：拉尔夫. W. 爱默生、朗费罗、露易丝·阿尔科特、林肯夫人、谢尔曼将军将军及杰弗逊·戴维斯。他与这些名人不单单是通信，他还在他们假期的时候去拜访过他们中间的许多人，并成为他们家里非常受欢迎的客人。这样的经历，给他增添了自信心。这些名人激发了他的理想与志向，

改变了他的人生。而所有这一切,让我再说一遍,都只因为他实行了我们这里正讨论的原则而成功的。

艾萨克·马克森大概算得上是世界上最优秀的名人访问者,他说许多人之所以不能让人对他产生良好的印象,就是因为他们不注意静听。“他们只关心他们自己接下来要说什么,他们不打开耳朵……”大人物们曾告诉我,与喜欢讲话的人相比,他们更喜欢善于静听的人。但现在,很少有人能静下心来听别人说的是什么。

在美国内战最黑暗的时候,林肯给他一位在伊里诺斯斯普林菲尔德的朋友写信,叫他到华盛顿来。林肯在信中说有些问题要与他讨论。这位老朋友来到白宫,林肯就宣布释放黑奴适当与否跟他谈了几个小时。林肯将赞成及反对这一举动的理由都加以研究,然后,才阅读些信件及报纸文章。有的报纸谴责他是因为怕他不放黑奴,有的则是因为怕他要放黑奴。几个小时以后,林肯与这位老朋友握手道别,并派人送他回伊利诺伊州,全然没有征求他的意见。所有的话都是林肯说的,好像那样使他的心情舒畅了很多。“谈话之后,他好像稍微地感到有些安慰,”这位老朋友说,林肯没有要建议,他要的是一位友善的、能同情他的静听者,让他可以对他发泄心中的苦闷。那是我们在困难中都需要的,那是愤怒的顾客需要的,不满意的雇员,感情受伤的朋友,也都需要。

如果你要知道如何能使每个人都躲着你,都背后笑你,甚至是轻视你,这是一个方法:永远不静听别人长时间的、不断地谈论他自己;如果在别人发表言论时,你有你自己的看法,别等他说完,他没有你的嘴伶俐。为什么浪费你的时间去听他的无谓的闲谈?立刻打断他,让他停止他的喋喋不休。

讨厌的人,他们就是——被他们自私的心及他们自重感麻醉了的讨厌的人。他们只谈论自己,只为自己设想。“只为自己设想的人,是无可救药的没有教养的人,”哥伦比亚大学校长尼古拉斯. M. 巴德勒博士说,“他没有教养,无论他受到如何高等的教育结果都一样。”

记住，正在与你谈话的人，他对他自己，他的需要，他的问题，比对你及你的问题要感兴趣100倍；他的牙痛对他来说，要比死亡上百万人的天灾重要得多。他注意他脖子上的小痣比注意非洲40次地震还多。

下次你在跟别人谈话之前，先想想这个。做一个善于静听的人，鼓励别人谈论他们自己。

大师金言

如果你希望成为一个善于谈话的人，要先学会做一个注意静听的人。要使人对你感兴趣，先激发那人的兴趣。问别人喜欢回答的问题，鼓励他谈论他自己及他的成就。

05　多讨论别人感兴趣的话题

凡曾拜访过西奥多·罗斯福的人，都为他广博的知识而惊奇不已。无论是牧童，还是猎奇者；是纽约政客，还是外交家，罗斯福都知道该同他谈什么。他是如何做到的呢？答案很简单。无论什么时候，在罗斯福接受访问的前一夜，他都会晚点睡，以便阅读他的客人所感兴趣的东西。

因为罗斯福同所有的领袖一样，知道通到人心的大路就是跟对方谈论他最以为宝贵的事情。

前任耶鲁大学教授，和蔼的威廉. L. 菲尔普斯早年就得到过这样的教训。

“在我8岁时，有一次周末去拜访在利比·琳萨的姑母，我在她家渡过了整个假期。”菲尔普斯在他的一篇写人性的文章中说:“一天晚上,一个中年人来姑母家拜访,与姑母寒暄之后,他的目光集中到了我的身上。那个时候,我对船非常的感兴趣,而这位客人谈论的这个题目非常吸引我。他走后,我非常兴奋的跟姑母谈论着他,说他如何好如何好,对船是多么的感兴趣!但姑母告诉我,他是一位纽约的律师,他对船丝毫没有兴趣。但为什么他始终谈论船的事呢?”

“‘因为他是一位道德高尚的人。他见你对船感兴趣,健谈的他知道怎样能引起你的注意,怎样哄你高兴。”菲尔普斯接着说:“我从来没有忘记姑母的话。”

就在我写本章的时候,在我面前有一封在童子军事业中极为活跃的加利弗·查立夫先生写给我的信。

查立夫信中说:“有一天,我的欧洲童子军大露营的计划需要有人帮忙,我请美国一家大公司的经理出资帮助我的一个童子军的旅费。

“幸而,在我去见这人以前,我听说他有一张被人退回来的一百万美元的支票,在支票被退回以后,他把它封在了一个镜框中。

“所以,我走进他办公室所做的第一件事就是请求看那张一百万美元的支票!我告诉他,我从未听说有人开过这样的一张支票,我要告诉我的童子军,我的确看见过一张百万美元的支票。在他面前,我刻意表现出了我对他的喜欢,还有我对他的羡慕,并请他告诉我支票支取的经过。”

你注意到没有,查立夫先生没有在一开始就谈童子军,或欧洲露营,或他此行的真正目的,他谈论的是对方感兴趣的事情。结果是这样的。

“‘等等,’我正在访问的人说道,‘我顺便问问你,你来见我有什么事?’我把我来的原因告诉了他。使我非常惊奇的是,他不但立刻答应了我所有的请求,而且还给了我很多额外的东西。我只请他资送一个童子军去欧洲,但他却资助了五个童子军再加上一个我。他还给了我一封

1000 美元的支款信，并叫我们在欧洲住 7 个星期。他又给我介绍信，把我介绍给他一家分公司的经理，让我们有困难去找他。他自己还亲自在巴黎接我们，带我们游览全市的风光。

“自此以后，他还给家中贫苦的童子军工作做；他现在仍然活跃在我们的团体中。

“但我知道，如果我没有找到他所感兴趣的事，让他先高兴起来，我接近他的容易程度连现在的十分之一都没有。”

在商业中这是一种非常有价值的方法，是不是？我们拿纽约一家高等面包公司杜佛诺伊公司的杜佛诺伊为例。杜佛诺伊先生想把公司的面

包卖给纽约的一家旅馆。为了得到这笔生意，4 年来，他每星期都去拜访旅馆的经理，他跟着这位经理到他所去的交际场所，他甚至在这家旅馆中开了房间，住在那儿，但不幸的是最终他还是失败了。

“后来，”杜佛诺伊先生说，“在研究了人际关系以后，我决定改变我的战略。我决意要找出能使这人感兴趣的东西——是什么引起他的关注。

“我发现他是一个叫做美国旅馆招待员会的会员。他不只是会员，他澎湃的热心，已使他成为该会的会长。不论在什么地方举行大会，即便是

翻山越岭,他都会亲自到会。

“所以,第二天我去见他的时候,我开始谈论关于招待员会的事。我得到非常好的回应!他跟我讲了半个多小时招待员会的事,他的声调热情有力的震动着。我看得出,这会社是他的业余爱好,是他生活的热情。在我离开以前,他还劝我加入成为他的会员。

“这次,我没提到任何关于面包的事。但几天以后,他旅馆中的一位负责人打电话给我让我带着货样及价目单去。

“他说:‘我不知道你对那位老先生做了些什么事,但他是真的被你搔到痒处了!’

“试想一下!我在这人后面紧追了四年——极力要得到这桩生意——要不是我最后尽心地去找出他感兴趣的东西,他喜欢谈论的话题,我想我还得死追下去。”

所以,如果要使人喜欢你,如果你想让他人对你产生兴趣,那就记住:多讨论别人感兴趣的话题。

大师金言

无论面对什么样的人物,一定要找到他所感兴趣的事,让他先高兴起来,这样你就比较容易接近他了。

06 让他人感到自己重要

我在纽约33号街8号路的邮局中排队等待发一封挂号信。我留意到,那位负责挂号的工作人员似乎对他的工作很烦恼——秤信封,递邮票，找零钱，发收据——这样单调的苦工，年复一年的重复着。所以，我对自己说："我要让那人喜欢我，很明显的，要使他喜欢我，我必须要对他说些好话。"我问我自己："他有什么值得我发自内心的真诚的赞美他呢?"那真是一个难以回答的问题，特别是对于那些初次见面、不很熟悉的人来说。但突然间，我看见了一样我非常欣赏的东西。

当他给我秤信的时候，我热情地对他说："我真想有一头你这样的头发。"

他抬起头来，非常惊讶的样子，但脸上却露出得意的微笑，"现在不如从前好了。"他客气地说。我确切的对他说，虽然现在跟以前相比可能逊色了很多，但他的头发还是很出色的。他非常高兴，我们愉快的谈了几句话，最后，他对我说的是："许多人都曾赞赏过我的头发。"

我敢打赌，那天他出去吃午饭的时候，一定是脚步轻松，我也敢打赌，他那晚回家一定把这件事告诉了他的妻子，我还敢打赌，他会照着镜子对自己赞美道："这真是一头漂亮的头发。"

有一次，我公开的讲这个故事，之后一个人问我："你这样做是想从他那里得到些什么呢?"我要从他那里得到些什么？我要从他那里得到些什么？假使我们真的这样卑贱自私，我们不能给人一点快乐，不能给人一点真诚的欣赏，假如我们的气量不比酸野苹果大，如果我们失败，那也是应得的。不错,我的确要从那人那儿得到些什么,我要得到的是一些无价的东西,并且我得到了。我得到了我为他做了些事,而他却不能报答我什么的感觉。那是一种在事过很久以后,依然会在他的记忆中发光歌咏的感觉。

人类行为有一条极为重要的定律,如果我们遵守那条定律,我们几乎永远不会出毛病。

实际上,如果我们遵守,那定律会让我们得到无数的朋友及长久的快乐。但我们破坏了那定律,片刻间,我们就会出现很多很多的麻烦。这定律就是:"永远让对方觉得自己重要。"我已经提到,约翰·杜威教授说:"自重的欲望是人类天性中最深刻的冲动"。威廉·詹姆士教授说:"人类天性的最深的本质就是渴求为人所重视。"我已经指明就是这种冲动使我们与动物有别,也就是这种冲动的本身担负了发展文明的责任。

数千年来,哲学家一直都在思考人际关系的规则,而所有的思考最终只衍生出一种重要的观念。这观念不是新的,它与历史一样陈旧。2500多年前,索罗亚斯德在波斯把它传给他的教徒;2400多年以前,孔子也在中国宣讲这个规则;道教始祖老子在函谷关用这个哲理教育他的学生;纪元前500年,释迦牟尼在恒河河畔传播;比这再早1000年,印度教的圣书也有这样的记载,在19个世纪前,耶稣在巨狄亚石山中教人;耶稣将这个观念综合成一种思想——这大概算得上是世界上最重要的规则:"己所欲,施于人。"

你要得到别人的赞同,得到别人对你的承认,得到你在你的小世界中重要的感觉,你不要听卑贱不诚的谄媚,你渴求真诚的欣赏。你要你的朋友及同人,像斯瓦伯所说的,"诚于嘉许,宽于称道。"我们都愿意那样。

所以,我们要遵守那金科玉律,你希望别人怎样待你,你就要怎样待别人。怎么样?从什么时候什么地方开始?答案是:不论什么时候,不论什么地方。

例如，如果我们要法式炸薯片时，女侍者却拿马铃薯给我们，让我们说："对不起，又要麻烦你了，我更喜欢吃法式炸薯片。"她会回答，"一点不麻烦"，并非常愿意为你更换，因为你对她表示了尊重，她会还你以尊重。

精短的语句，如，"对不住，麻烦你了，""费心，你可否……""谢谢你"——像这样的平常客气的话听上去就像每天在沉闷辛苦的生活轮齿上浇油润滑——而同时，这些都是我们优良品格的标志。

让我们再举一个例子，唐纳德·麦克马洪是纽约一家园林设计公司的设计总监，他向我讲述了这样一件事。

"在我听了'如何交友及影响他人'的演讲之后不久，我就为一位非常有名的法官的地产布置园艺。这位主人出来跟我说了几个注意事项，并告诉我他要在什么地方种南山石及杜鹃花。

"我说，'法官，听说你很喜欢养狗，在每年的梅狄生方园举行的狗展中，您的狗都会为您获得很多奖状。'

"这点小小的欣赏，效果却极为惊人。

"'是的，'法官回答说，'我对养狗的确很有兴趣。你要不要看看我的狗窝？'

"他花了差不多一个小时的时间带我去看他的狗，以及他们获得的奖品。他甚至拿出这些狗的血缘系谱来给我看，并向我讲述血统与美貌及聪敏程度的关系。

"最后，他转过来问我，'你有儿子吗？'

"'是的，有一个。'我回答说。

"'他喜欢小狗吗？'法官问道。

"'是的，他非常喜欢。'

"'很好，我送给他一只。'法官说。

"他开始教我如何喂养小狗，然后，他停了停对我说，'我就这样说你是记不住的，我给你写下来。'法官走进屋里，把血统系谱及喂养方法用打字机打好，他给了我一只价值100美元的小狗还有他75分钟的宝贵时间。所有这些大概都是因为我对他的爱好表示了真诚的赞美的原因。”

曾统治过大英帝国的迪斯雷利说道：“同人们谈谈他们自己，他们会愿意听上好几个钟头。”如果你真诚的这样做，你就赢得了别人的尊重。

第三章

如何使人信服你

如果你想赢得人心，首先要让他人相信你是他最真诚的朋友。就像有一滴蜂蜜吸引住他的心，通往他的理性。使人信服于你，你就一定要让他人感受到你的真诚。

01　争论不能使你成为赢家

第一次世界大战结束不久，一个晚上，在伦敦发生的一件事给了我很大的教训。我当时是罗斯·史密斯爵士的私人助理。在战争期间，他曾在巴勒斯坦做奥地利的航空统帅宣布和平之后不久，他因在30天中环绕地球半周，震惊了全世界，从来没有人有过这样惊人的举动。这件事曾轰动一时，奥地利政府给了他50 000先令以作奖励，英国国王还封他为爵士，并且在那时，他成了在英国国旗下被谈论得最多的一个人。一天晚上，我去赴一个为欢迎罗斯爵士举行的宴会，席间，坐在我旁边的一个人给我们讲了一个非常幽默的故事，这个故事与这一句话有关联，“无论我们如何粗俗，我们心中都会有一个信仰。”

这位讲故事的人说，这句话出自《圣经》。但我知道，他错了。我毫不含糊的知道，完全肯定。所以，为了要得到自重感并显示我的优秀，我给他纠正他的错误。他坚持他的看法。“什么？出自莎士比亚？不可能！太荒谬了！那句话出自《圣经》。”他非常肯定地说！

这位讲故事的人坐在我右边，我的老朋友弗兰克·加蒙坐在我左边。加蒙多年来一直在研究莎士比亚，所以，这位讲故事的人和我都同意将这个问题交给加蒙先生来裁决。加蒙先生静静地听着，他在桌下用脚踢我，然后说道：“戴尔，你错了，这位先生是对的，那句话是出自《圣经》。”

那晚回家的路上，我对加蒙说：“你老老实实告诉我，那句话是不是出自莎士比亚。”

“是的，当然，”他回答说，“是在《哈姆雷特》的第五幕第二场。我亲爱的戴尔，我们只是宴会的客人，有必要证明他到底是对还是错吗？为什么一定要证明他是错的呢？那能使他喜欢你吗？为什么不给他留足面子？他没有征求你的意见，你为什么一定要跟他争辩？记住，永远都要避免与人发生正面冲突。”“永远避免与人发生正面冲突。”说这句话的人给我的教训让我终生难忘，我不仅让讲故事的人不悦，我还将我的朋友置于窘境，如果我不喜欢与人争执该多好啊！

那个教训非常重要，因为我一向是个十分顽固的人，在我的青年时代，我跟我的弟兄辩论天下一切的事，当我到大学的时候，我研究逻辑学及辩论技巧，还参加过辩论比赛。后来我在纽约教授辩论的技巧，我羞于承认，我曾计划写一本关于辩论的书。从那时起，我就非常注意听别人说，批评，我参加过数千次的辩论，并注意吸取教训。所有的这些最终只使我总结出一个结论，能使辩论得到最大的利益的方法就是——避免辩论。

避免辩论同避免毒蛇及地震一样。十次中有九次，辩论结束之后，每个参加辩论的人，都比以前更坚信他是绝对正确的。

你不能从辩论中得胜，不能，因为如果你辩论失败，你是失败了；如果你得胜，你还是失败了。为什么？假定你胜过对方，将他的理由攻击得满是漏洞，并证明他简直是神经错乱，那又能怎么样？你觉得很好，但他会怎么想？他会觉得他自已智力低弱，自尊心受伤害，他还会反感你的胜利。

多年前，一位名叫帕特里克·奥黑尔的爱尔兰人，加入我的培训班。他没受过多少教育，而且是一位非常喜欢争执的人，他曾做过别人的司机，他到我这里来是因为他没有成功卖出过一辆汽车。我只问了他几个问题，就看出他经常与正要跟他做交易的人发生争执并激怒他们。如果他的买主，对他出售的汽车说任何贬损的话，他就会发起火来立刻打断别人的话，他是赢得了不少的辩论。他后来对我说，“我常走出一个人的办公室说，我告诉了那家伙一些事，真的，我告诉了他一些事，但我没有卖给他一点东西。”

我的第一任务不是教奥黑尔讲话。而是训练他谨慎，不要乱发脾气，并避免口头上发生冲突。

奥黑尔先生现在已经是纽约怀特汽车公司的一位销售明星了。他是怎样做到的呢?

“聪敏的老富兰克林常说,如果你辩论、争强、反对,你或许有时得到胜利,但这胜利是空洞的,因为你永远不能得到对方的好感了。”

所以,你自己考虑考虑,你想要什么,是一个非科学的、表演式的胜利,还是一个人的好感?你很少能两样兼得。

在你进行辩论的时候或许你是对的,绝对是对的;但在改变对方的思想上说来,你大概会毫无所得,就像你一开始就错了一样。

一位所得税顾问弗雷德里克·巴森士与一位政府税收稽查员因为一项9000美元的账目发生问题而争辩了一个小时之久。巴森士先生声称这9000美元是一笔呆账,永远不能收回来,不应纳税。“呆账,胡说!”稽查员反对说,“必须纳税。”

“这位稽查员冷淡,骄慢,固执,”巴森士先生在班中讲述这件事情时说,“理由对他来说一点用也没有,事实对他也没有用……我们辩论越久,他越固执。所以,我决计避免争论,改变话题,给他赞赏。

“我说,‘我想这事与那些特别重要又困难的事件相比,只能说是一件很小的事。我也曾研究过税收问题,但我知道的都是从书本上得来的,而你是从亲身的实践中得到的知识，其实我更愿意做你这样的工作，这样的工作可以让我学到很多东西。’我每句话都是发自肺腑的。

“于是，那稽查员坐在椅子上，身体向后一挺，把头靠在椅子上，跟我讲了许久关于他工作上的事，告诉我他发现的舞弊的方法。他的声调渐渐地变得友善，片刻后，他又讲起他的孩子来。他走的时候，他告诉我他要再考虑考虑我的问题，几天之内会给我答复。

“3 天之后，他到我的办公处来告诉我，他已经决定按照我所填报的税目办理。”

这位稽查员正表现了一种最普通的人类弱点，他要一种自重感。巴森士先生越是与他辩论，他愈加想显示他的权力，得到他的自重感。一旦有人承认他的重要，给他想要的自重感，辩论就会立即停止。一旦他扩大他的自我心，他就会立马变成一个有同情心的和善的人。

释迦牟尼说：“恨不能止恨，爱能止恨。”

有一次，林肯责罚一个跟同僚发生激烈争执的年轻的军官。“凡决意成功的人，”林肯说，“不能费时执著于个人的成见，更不能费时来承受争执带来的结果，包括他脾气的损坏，自制的丧失。你不能过分显示自己的权力，懂得放弃，与其为争路权被狗咬伤，不如给狗让路。即使你将狗杀死，也不能治好被狗咬坏的伤口。”所以，我们要想使人信服，一定要记住：避免辩论。

永远不要用辩论来停止误会，应该用一些技巧、外交来和解，还要兼顾对方的观点，用恰当的方式使辩论停止。

02 千万别说“你错了”

当西奥多·罗斯福入主白宫时，他承认，如果他的判断有75%是正确的，行事便可以达到最高的标准了。

如果像这样一位杰出的领袖都承认自己的判断最高只有75%的正确率，那你我又会怎样呢？

如果你能确信自己的判断有55%是对的，便可以到华尔街去发财。如果你不能确定自己的判断是否有55%是对的，又怎么能指责别人常常犯错呢？

你可以用一个眼神、一种语调，或一个手势来指责别人所犯的错误，这和语言表达一样有力——但是，当你指出对方的错误时，对方会因此同意你的观点吗？绝对不会！因为你直接打击了他们的智慧、判断、尊荣和自尊，这只会造成对方的反击，而不会改变他人的观点。也许，你会用柏拉图或康德的逻辑理论予以佐证，但还是没有用，因为你早已伤了他们的感情。

千万不要这样开场："我要证明给你看。"这样做太糟糕了，等于是向他人表明："我比你聪明，我要使你改变看法。"

那是一种挑战，无疑会引起反感并爆发一场冲突。在你尚未开始之前，对方已经准备好了。在这样的情况下，要想改变对方的观点是很难的。所以，为什么要弄巧成拙？为什么给自己找麻烦呢？

如果你想证明什么，别让任何人看出来，而且应不留痕迹，很技巧地去做。正如诗人亚历山大·波普所说：

你不可能教会他任何事情，
你只能帮助他学会一件事。

300 多年前，意大利科学家伽利略也说：

你不能教人什么，
你只能让人去发现。

查斯特菲尔德爵士也告诫他的儿子：

要比别人聪明，

但不要让他们知道。

苏格拉底也一再告诉他的门徒：

我唯一知道的，就是我一无所知。

我不能奢望比苏格拉底更聪明，所以，从现在开始，最好不要再指责人们有什么错误，我发现那要付出代价的。

如果你认为有些人的话不对——不错，就算你确定他说错了——你最好还是这样讲："啊，是这样的，我有另外一个想法，但也许不对。假如我错了的话，希望你们帮我纠正。让我们共同来讨论一下这件事。"

很奇妙，的确很奇妙，尤其是类似这样的话："我也许不对，让我们来讨论一下这件事。"

无论是在天上还是在地下，绝对没有人会反对你说："我也许不对，让我们来讨论一下这件事。"

我的一位学员哈罗德·雷恩克就曾用这种方式处理顾客纠纷，他是道奇汽车在蒙大拿州比林斯地区的代理商。雷恩克在报告时指出，由于汽车市场面临巨大的竞争压力，在处理顾客投诉案件时，我们常常显得冷酷无情，这就很容易引起顾客愤怒，失去生意，或给顾客造成许多不愉快。

他告诉班上的其他学员："后来我仔细想了一下，我意识到这样确实于事无补，我试着改变策略。我转而向顾客这么说：'我们公司犯了不少错误，我实在感到非常惭愧。请把你碰到的情形告诉我，我们会努力解决。'"

"这种方法显然消除了顾客的怒气。情绪放松，顾客在处理事情的过程当中就容易讲道理了。许多顾客对我的谅解态度表示感谢，其中两个人甚至后来还带来自己的朋友买车。在竞争激烈的市场上，我们很需要这样的顾客。而我相信，尊重顾客的意见，周到有礼地对待顾客，都是赢得竞争的本钱。"

承认你错了永远不会给你带来麻烦。只有如此才能平息争论，使对方也能同你一样公正宽大,甚至也承认他或许错了。

著名心理学家卡尔·罗杰斯在他的《成为一个人》一书中写道:

“我发现,能体会别人的想法,你会获益很大。也许你会觉得古怪,真有必要去体会别人的想法吗?我想是对的。我们对许多‘陈述’的第一个反应常常是‘估量’或‘判断’,而不是去‘了解’。每当有人表达自己的感受、态度或者想法时,我们通常即刻做出的反应是:‘这是对的’‘这是愚蠢的’‘这是不正常的’‘那毫无道理’‘那是错的’‘那个不好’。我们很少要自己去了解陈述者话中的真正含义。”

有一次,我请了一位室内装潢师为我家布置一些窗帘。等账单送来时,价钱着实让我吓了一跳。

隔了几天,有个朋友来访,看到了那些窗帘。她问起价钱,然后以夸张的态度宣称:“什么?太过分了!我想你是受骗了!”

真的吗?是的,我想她说得很对。但很少有人听得到他人讲出这种真话、这样的判断。于是,我为自己辩解说贵的东西毕竟有贵的价值,不可能以便宜的价钱买到高品质又有品味的东西。

第二天,另一个朋友来访,对那些窗帘赞不绝口,还说希望她也能买得起这种漂亮的东西。我的反应与前一天大不相同:“啊,说实在的,我也差点付不起。我买贵了,真后悔没先问好价钱。”

当我们犯错的时候，也许会对自己承认。当然，假如别人的态度温和一些，或做得有些技巧，我们也会向他们认错，甚至以自己的坦白、心胸宽大而自豪。但是，假如对方有意让你难堪，情况又不同了。

有人曾问马丁·路德·金，作为一个和平主义者，为何如此崇拜白人空军将领丹尼尔·詹姆斯，而非黑人高级官员。金博士回答："我以别人的原则去判断他们，而非用我的原则。"

相同的，罗伯特·李将军有次同南方联邦总统杰斐逊·戴维斯谈他麾下的一名军官。李将军对其称赞有加。另一位军官很诧异，他问李将军："难道你不知道那个人无时不在恶毒攻击你、诽谤你吗？""是的，"李将军回答，"不过，总统是问我对他的看法，不是问他对我的看法。"

换一种说法，不要与顾客、配偶或敌人发生冲突。别指责他们的错误，别引起他们的怒气，如果非得与人发生对立，也得运用一点技巧。前提是——对别人的意见表示尊重。

03　如果你错了，就承认吧

从我家走不到一分钟，就能到达一片宽阔的森林。春天来临的时候，黑草莓的野花白白的一片，松鼠筑巢育子，马草长到高过马头，这块没有被破坏的林地，叫做森林园——那真是一个森林园，我发现它时就像哥伦布发现了美洲大陆一样。我常带着我的小波士顿斗牛犬到园中散步，它是一只友善的不伤人的小犬。园中不常见人，我总是不给它系上皮带或口套。

一天，我们在园中遇见一位警察——一个急于要表现他权威的警察。

“你不给那狗戴口套，也不系上皮带，还让它在园中跑来跑去，这是什么意思？”他责问我说，“你不知道这是违法的吗？”

“是的，我知道是触犯法律的，”我轻柔地回答，“但我想它在这里不会伤害到什么。”

“你不认为！你不认为！法律可不管你怎么认为的。那狗有可能会伤害松鼠，或咬伤小孩。这次我放过你，但如果我再在这里看见这只狗不戴口套，不系皮带，你就必须向法官解释了。”

我客气地答应遵守他的命令。

我倒真实地照办了几次。但瑞克斯不喜欢戴口套，我也不喜欢，所以我们决定碰碰运气。开始的时候很顺利，但后来又碰见了一次那个警察。一天下午，瑞克斯同我跳过一个小土丘，忽然间，我惊惶地看见了“法律的权威”，他骑着一匹红棕色的马。瑞克斯在前面正向着那警察冲去。

我知道事情没有别的办法了。所以，没等警察开口说话，我就先发制人。我说：“警官，你已当场抓住了我，我是触犯了法律，我没有托词，没有借口。你上星期警告我如果我再把没有口套的狗带到这里，你就要处罚我。”

“哦，现在，”这警察用柔和的声调说，“我知道周围没有人的时候，让这样一只小狗在这儿跑一跑，是一件美妙的事。”

“那真是一种诱惑，”我回答说，“但那是犯法的。”

“好了，像这样一只小狗大概不会咬伤人吧。”警察反而为我辩护说。

“不，但它也许会咬伤松鼠。”我说。

“哦，现在，我想你对这事太严肃了，”他告诉我说，“我告诉你怎样办，你只要让它跑过那土丘，到我看不见它的地方——这事就算了。”

其实，那位警察也是个和善的人，他只不过要得到一种重要人物的感

觉。所以，当我开始自责时，他唯一能滋长自尊的办法就是采取宽大的态度，以显示自己的慈悲。

但如果我要为我自己辩护的话，你可曾和一个警察辩论过吗？

我不与他正面交锋，我承认他是绝对正确的，我是绝对错误的。我迅速地、坦白地、热忱地承认。我们各得其所，这件事就在和谐的气氛下结束了。

假如我们知道自己一定会遭受责备时先承认自己的错误，自己责备自己，这样岂不比让别人责备好得多？听自己的批评，不比忍受别人的指责容易得多吗？如果你将别人正想要批评你的事情在他有机会说话以前说出来，他就会采取宽容、谅解的态度，以减轻你的错误了。就像那骑着马的警察对待我与瑞克斯一样。

任何愚蠢的人都会试图为自己的错误进行辩护，而且多数愚蠢的人都会这样去做。承认自己的错误，使人出众，并给人一种高尚尊贵的感觉。例如，历史所载的关于李将军的一件最完美的事，就是他为佩克特在葛底斯堡冲锋失败后进行的自责。

佩克特在战场上英勇无畏，无疑是西方世界史上最显赫最辉煌的英雄之举。佩克特是个风流人物，他把他褐色的头发留得很长，几乎长及肩背，而且，像拿破仑在意大利的战役中一样，他几乎每天在战场上都写下热烈的情书。在那一个惨痛的下午，他歪戴着漂亮的帽子，得意洋洋地骑着马向联军的阵线冲锋，士兵们欢呼着跟随着他，人挤着人，大旗飞扬，军刀在阳光中闪烁，那真是一幕壮丽的景观，联军看见他们时，也禁不住发出一阵喃喃的赞美。

佩克特的军队踏着轻快的脚步，迅速向前行进，突然，联军的大炮向他们的队伍开始轰击。片刻间，隐伏在山脊的石墙后面的联军步兵向佩克特的军队开火，一阵又一阵开枪。瞬间，整个山顶变成火海，成了一个杀戮的场所。在几分钟内，除了一个人之外，所有佩克特的旅长都被击倒了，除了一个冲锋的士兵，有五分之四的人倒了下来。

大将军刘易斯·阿密士德率领着军队，做最后一次冲杀，他们跃过石墙，把军帽放在他的刀顶上摇着，大呼："杀啊，孩子们！"

他们这样做了。士兵们跟着跳过墙头挺着刺刀，同联军展开了一场拼死肉搏，终于把南军的战旗插在山脊上。但军旗只在那儿飘了短暂的一会儿就消失了。

佩克特的冲锋虽然光荣、勇敢，却是结束的开始。李将军失败了，他不能突破北方。

南方失败了。

李将军非常悲痛，震惊不已，他向南方同盟政府的总统戴维斯提出辞呈，要求另派"年轻而有为之士"。如果李将军要将佩克特冲锋的惨痛失败归罪了别人，他可找出数十个借口来。有些师长失职了，马队到得太迟，不能协助部队进攻了。这事错了，那事也不对。

但李将军太高贵了，他没有怪罪别人。当佩克特打了败仗，带着流血的军队挣扎着退回同盟阵线的时候，李将军只身骑马去迎接他们，并发出伟大的自责："这都是我的过失，"他承认说，"我，我一个人战败了。"

历史上有几个将领能有这样的勇气和情操作出这样的自责呢？当我们是对的时候，我们要温和地、巧妙地去得到人们对我们的赞同；当我们是错的时候，如果我们对自己诚实，我们就要当即真诚地承认我们的错误。这种方法不只是能产生惊人的效果，无论你信不信，在某些情形之下，比为自己辩护更有趣味。

记住那句古老的谚语："用争夺的方法，你将永远得不到满足，但用让步的方法，你可得到比你所期望的更多。"如果你错了，就迅速而真诚的承认。

04 以友善的方式开始

早在 1915 年的时候，小约翰. D. 洛克菲勒还是科罗拉多州的一个小人物。当时，发生了美国工业史上最激烈的罢工，并且持续达两年之久。愤怒的矿工要求科罗拉多燃料钢铁公司提高薪水，小洛克菲勒正负责管理这家公司。由于群情激奋，公司的财物遭受毁损，军队前来镇压，因而造成流血，不少罢工工人被射杀，他们的身体倒下了。

那种情况，可说是民怨鼎沸。小洛克菲勒后来却以他自己的方式赢得了罢工者的信服，他是怎么做到的？

这是一个故事。小洛克菲勒花了好几个星期结交朋友，并向罢工代表发表谈话。那次的谈话可称之不朽，它不但平息了众怒，还为他自己赢得了不少赞赏。演说的内容是这样的：

"这是我一生当中最值得纪念的日子，因为这是我第一次有幸能和这家大公司的员工代表见面，还有公司行政人员和管理人员。我可以告诉你们，我很高兴站在这里，有生之年都会记得这次聚会。假如这次聚会提早两个星期举行，那么，对你们来说，我只是个陌生人，我也只认得少数几张面孔。由于上个星期以来，我有机会拜访整个附近南区矿场的营地，私下和大部分代表交谈过。我拜访过你们的家庭，与你们的妻子、孩子见面，因而现在我不算是陌生人，可以说是朋友了。基于这份互助的友谊，我很高兴有这个机会和大家讨论我们的共同利益。

“由于这个会议是由资方和劳工代表所组成，承蒙你们的好意，我得以坐在这里。虽然我并非股东，也不是劳工，但我深深觉得与你们关系密切。从某种意义上说，我代表了劳资双方。”

多么出色的一番演讲，这是一种艺术，是化敌为友的最佳的艺术表现

形式之一。试想，如果小洛克菲勒采用的是另一种方法，与矿工们争得面红耳赤，用粗暴的话辱骂他们，或用话语暗示错在他们，用各种理由证明矿工的过错，你想结果会如何？只会招惹更多的暴行。

假如人心不平，对你印象恶劣，你就是用尽所有基督理论也很难使他们信服于你。想想那些求全责备的双亲、专横跋扈的上司、喋喋不休的妻子。我们都应该认识到一点——人的思想不易改变。你不能强迫他们同意你，但你完全有可能引导他们，只要你足够的温和友善。

以上是林肯在100多年前所说的话，他还说道：这是一句古老而颠扑不灭的处世真理——“一滴蜂蜜要比一加仑的胆汁能招引更多的苍蝇。”

人也是如此，如果你想赢得人心，首先要让他人相信你是最真诚的朋友。那样就像有一滴蜂蜜吸引住他的心，也就有一条宽阔大道，通往他的理性。

商界人士都知道，对罢工者表示出一种友善的态度是必要的。比如说，怀特汽车公司的某一工厂有2500个员工，他们为增加工资而举行罢工。当时的公司总裁罗伯特·布莱克没有采取动怒、责难、恐吓，或发表霸道谈话的做法，而是在报刊上刊登了一则广告，称赞那些罢工者“用和平的方法放下工具”。由于罢工，监察员无事可做，布莱克便买了许多球棒和手套让他们在空地上打棒球。有些人喜欢保龄球，他便租下了一个保龄球场。

布莱克先生友善的行动，得到的当然是富有人情味的反应。那些罢工者找来了扫把、铲子和垃圾推车，开始把工厂附近的纸屑、烟头、火柴等垃圾扫除干净。你能想到吗？一群罢工工人在争取加薪、承认联合公司成立的时候，同时还在清扫工厂附近的地面！这在漫长、激烈的美国罢工史上是绝无仅有的。这次罢工终于在一星期内获得和解，并没有产生任何不快或可怕的后果。

著名律师丹尼尔·韦伯斯特被许多人奉若耶和华神。虽然他的声誉如日中天，但他那极具权威的辩论始终充满了温和的字眼，他的辩论中经常出现这些词语：“这有待陪审团的考虑”“这也许值得再深思”“这里有些事实，相信您没有疏忽”“这一点，由您对人性的了解，相信很容易看出这件事的重大意义”。没有恫吓，没有高压手段，没有强迫说明的企图。韦伯斯特用的都是最温和、平静、友善的处理方式，但仍不失其权威性，而这正是使他成为杰出人物的助力。

也许你并没有机会去处理罢工风潮，或是在陪审团成员前发表演说。但是，你可能有机会遇到类似下面这样的情况。

O. L. 斯特劳布先生是个工程师，他想要求房东降低房租，但他知道他的房东是个不易动感情的人。“我给他写了一封信，”斯特劳布在训练班上报告道,“我告诉他,等租约一到,我就要搬出公寓。事实上,我并不想搬家,只想降低房租,我很愿意继续住下去。但情况并不乐观,其他房客试过——但都没有成功。他们告诉我,这位房东极难应付,要特别小心。我对自己说:‘我正选修一门处世训练的课程,正好可以实习一下,看看效果如何。’”

“房东一接到信后就立即和他的秘书来找我。我在门口与他打招呼,讲些热诚的问候话。我没有提到房租费高的事,只告诉他很喜欢这栋公寓。请相信我,我当时确实在真诚、慷慨地赞美他。我继续夸赞他很会管理房子,但我付不起房租,否则,我很愿意再多住一年。

他一定从来没有碰到过这样的房客,显然一时不知该怎么办才好。

后来,他告诉我一些困扰,就是房客们的抱怨。有人写了 14 封信给他,其中有些人显然在侮辱他,还有人要他叫楼上的房客停止打鼾,否则就要毁约‘像你这样的房客,真让我松了口气。’他说,并且没经我的要求,便自动减少了一些房租,我就出我能付出的数目,他也不多说什么便爽快地答应了。

在准备离去的时候,他忽然转过身问我:‘房子有没有什么需要装修的?’

如果我用别人的方法要求减租,相信碰到的下场也会同他们一样。这就是友善、同情、赞美所产生的力量。”

许多年前,当我还是个喜欢光着脚到处乱跑穿过森林来到密苏里西北部乡村小学的小男孩时,我读了一则《伊索寓言》,讲的是太阳和风的故事。一天,太阳与风正在争论谁比较强壮,风说:“当然是我。你看下面那位穿着外套的老人,我打赌,我可以比你更快地叫他脱下外套。”

说着,风便用力对着老人吹,希望把老人的外套吹下来。但是它越吹,老人把外套裹得越紧。

最终,风停止了,平静下来。太阳便从后面走出来,暖洋洋地照在老人身上。没多久,老人便开始擦汗,并且把外套脱下。于是太阳对风说道:“温和、友善永远强过激烈与狂暴。”

伊索是古希腊的一个奴隶,比耶稣降生还早600年,但是他教给我们许多有关人性的真理。使我们知道,现今住在波士顿或伯明翰的人,其实和2600年前住在雅典的人是一样的。

太阳能比风更快地使老人脱下外套,温和、友善和赞赏的态度也更能使人改变心意,这是咆哮和猛烈攻击所难以奏效的。请记住林肯所说的话:"一滴蜂蜜要比一加仑的胆汁招引更多的苍蝇。"

05　让对方开口说"是"

当你与人谈论的时候,别一开始就讨论你们双方意见不一致的事情。开始先着重——并继续着重——你们一致同意的事。继续着重——如果可能——你们双方都在追求同一目的,而你们的唯一的差别只是在方法,不是在目的上。

使对方在开始的时候说,"是。"如有可能,尽量不要让他说"不"。

亚佛斯德教授说:"一个'不'的反应,是世界上最难克服的障碍。当一个人说'不'以后,所有他的尊重人格的心理,要求他使自己即使错的也要坚持下去。他以后或觉得'不'是不甚适当,然而,他需考虑他宝贵的自尊!每说过一句话,他必须坚持到底。所以使人开始往正面走,是极为重要的。"

懂得说话技巧的人,在谈话的开始就会得到"是"的反应,因而他能将听众的心理移向正面方向。那好比撞台球,向一个方向推进,需要些力量才能让球的方向转移;等球往回返时,就需要更多的力量了。

要得到'是'的反应,方法其实很简单。但是却经常被人们忽略!人们常常自以为从一开始就反对别人的意见好像可以得到自重的感觉。

"在开始的时候使学生,或顾客、儿童、丈夫或妻子说'不',你就需要神仙的智慧与忍耐力才能让他们变否定为肯定了。"这"是,是"的方法,使纽约格林维区储蓄银行的一位出纳员詹姆斯·爱勃逊,留住了一位顾客,不然,他可能会失去这位客户。

"这人进来开户,"爱勃逊先生说,"我把表格拿给他,有些问题他愿意回答,但有些他断然拒绝。

"在我学习人际交往以前,我会告诉这位来开户的人说,如果他不把这些材料交给银行,银行可以拒绝为他开户,不接受他的存款。

"但今天早晨,我决意用我学过的人际交往的知识来解决这件事。我先不跟他谈论银行想要什么,而是谈他想要的。最重要的,我决定让他从一开始就说'是,是。'所以,我允许了他不把表格填写完整。我告诉他他拒绝填写的材料,不是非写不可的。

"'然而。'我说,'如果你不幸去世了,有钱存在这银行里面,你不愿意银行为你把这钱转给你法律上应该继承的亲属吗?'

"'是的。当然了!'他回答说。

"'你以为,'我接着说。'将你最近亲属的姓名告诉我们,在你死去以后,我们设法毫无失误地及时地执行你的愿望,这样做不是一个非常合适的方法吗?'

"他又说,'是。'当他明白了我们要问这材料不是为了我们而是为了他的时候,那青年的态度就改变了。在他离开银行以前,这位青年不只将关于他自己的全部的材料都给了我,还按我的建议,开了一个信托账户,以他的母亲为直接受益人,并且他很高兴的回答了所有关于他母亲的问题。

“我发现让他一开始就说‘是，是’，这使他忘记了争执点，并且还乐于做我所建议的事。”

“我们部门有一个人，非常想跟他合作，把公司的产品卖给他，”西屋电气公司的推销员约瑟夫·爱立逊说，“在我之前，就曾经有人拜访他有十年的时间，但最终也没有把任何物品卖出去。接管了这个部门以后，我又继续跟他谈了有三年之久，但还是没有得到一个订单。最后，在13年的访问和谈判之后，我们卖给了他几个发动机，如果发动机没什么毛病的话，我觉得我们一定可以得到更多的订货。这是我的期望。

“发动机有毛病吗？我知道当然没有。所以三个星期后，我很高兴地去拜访了他。

“但我的高兴并没有持续多久，因为这位总工程师向我宣告了一个惊人的消息——‘爱立逊，恐怕我不能再向你买其余的发动机了。’

“‘为什么？’我惊讶地问，‘为什么？’

“‘因为你的发动机太热，我不能把手放在上面。’

“我知道辩论是没有用的。我已经试过很多次那个方法了。所以我想得到‘是，是’的反应。

“‘是的，现在，我们先来看一下，史密斯先生，’我说。‘我完全同意你的说法,如果那些发动机动起来确实太热,你的确不应该再买。你一定不会买那些比全国电气制造公会所定准的热度更高的发动机,是不是?

“他同意是这样的。我得到我的第一个‘是’。”

“‘电气制造公会的规则,是为了设计出合格的发动机,他要求发动机的温度可以比室内温度高华氏72度,对不对?’

“‘是,’他同意说。‘的确是这样。但你的发动机比规定的要热得多。’

“我没有同他辩论。我只是问:‘你们厂房的温度是多少?’‘嗯,’他说,‘大概华氏75度’。

“‘好’,我回答说,‘如果厂房温度是75度,你加上72度,总计华氏147度。如果你将手放在华氏147度的热水塞门下面,你是不是觉得烫手?’

“他还是说‘是’。”

“‘好啦,’我建议说,‘把手从发动机上拿开,这不是一个很好的办法吗?’

“‘对,我想你是对的。’”他承认。我们接着又谈了一会儿,然后,他招呼他的秘书为下个月订了差不多价值35 000美元的生意。

加利福尼亚州奥克兰的爱迪·斯诺先生也谈到他是如何成为一家商店的主顾的。只因那位店主也让他做了“是”的反应。爱迪对弓箭狩猎很有兴趣,因而花了不少钱去添购器材和装备。一天,他的哥哥来访,建议他改用租的方式,于是,爱迪到他常常去的店里询问。但是,店员说明他们并不对外租借弓箭。于是,爱迪又打电话到另一家店里询问,以下是爱迪的叙述:

“有位愉快的男士接电话。他听过我的询问之后,表示非常遗憾,因为他们店里现在已不提供这种服务了。然后他问我,是否以前向店里租借过。我回答:‘是的,在好几年以前。’他提醒我,那时一把弓的租

金是否在25美元—30美元之间。我又回答：‘是的。’接着，他问我是不是个喜欢节约的人，我当即回答：‘是的。’接着，他解释道，他们正好有一套弓箭在廉价出售，包括所有小装备，总价才30多美元。那就是说，我只需多付几美元便不需租借，而可以拥有整套的器材。他并解释，这就是他们店里不再办理租借的缘故，因为那样太划不来。后来，我当然买下了那套器材，并且还买了额外的其他东西。从此以后，我成了他们店里的常客。”

苏格拉底是迄今人类所知的最伟大的科学家之一，他做了只有少数人才能做到的事，改变了人类思想的过程。24个世纪过去了，大家还依然尊称他为最有智慧的说服者，他对这个纷争的世界影响最大。

苏格拉底的方法是什么？他曾告诉人们他们是错的吗？没有，苏格拉底没有这样做，他的整个方法，在现在被人们称为“苏格拉底方法，”是以得到“是，是”的反应为根据。他问的问题，反对他的人也会同意。他继续不断地得到一个又一个承认，直到他得到许多的“是”。他继续不断地发问，直到最后，不知不觉的，他的反对者发觉自己已经接纳了数分钟以前自己还坚持不承认的结论。

假如我们因为要指正他人的错误而犯难的话，请想想苏格拉底的话，向对方发一个温柔的问题——能得到“是，是”反应的问题。

中国人有一句格言，充分显示了东方人民古老的文明和智慧，那就是“轻履者行远”。

如果你想说服别人，又不想让人感觉你是把你的观点强加给他的，那么，记住苏格拉底的话，向对方发一个温柔的问题，得到“是”的回应。

06 给他人说话的机会

大多数人在要取得别人同意的时候，总是自己一个人说太多的话。应该让对方畅所欲言，因为他对自己的事以及自己的问题知道得肯定比你多。因此，不如让我们多问他一些问题，让他告诉你你想知道的事情。

对于你不同意的意见，你可能会试图去阻止，最好不要这样，这样做不会有任何的结果。如果他还有许多意见要发表，他是不会注意到你的。所以，你要忍耐，并用一颗开放的心静静地听，要诚恳地鼓励他完全地发表他的意见。

这种原则在商业中有价值吗？我们且看，这里是一个被强迫的销售员所经历的事情。

美国一家最大的汽车工厂，正在接洽购买一年所需的坐垫布。三家重要的厂家都已经将样品做好。而且都已经通过了汽车公司高级职员的检验，公司发通告给各厂家说，在确定的某一天，各公司的代表可以为公司做最后的竞争，拿到合同。

一个厂家的代表 G. B. R. 带着严重的咽喉炎来参加这次竞争。“当轮到我进会议室时，”R 先生在班中叙述他的故事说，“我的嗓子哑了，几乎发不出任何声音。我被引进会议室，跟纺织工程师、采办经理、推销主任及该公司的总经理都见过面了。我站起来，努力地想发出声音，但我只能发出尖锐的声音。

“因为他们是围桌而坐，所以，我在纸上写道：‘诸位，非常抱歉，我嗓子哑了，说不出话。’

“‘我替你说。’总经理说。他真的替我说了。他把我带来的样品摆出来，称赞它们的优点，他们还针对我的货品的优点，展开了激烈的讨论。在讨论中，那位总经理一直站在我的立场替我说话。整个会议，我只是微笑、点头，及做几个手势。

“这次特殊会议的结果是，我得到了合同，他们订了 50 万码的坐垫布，总价值有 160 万美元——这是我得到的最大的订单。

“我知道，这次如果不是我无法说话，我可能就会失掉那份合同，因为我对于整个经过的考虑观点是错误的。我才发现，让别人说话，有时是多么有价值的一件事。”

事实上，就算是我们的朋友，他们也喜欢对我们谈论他们的成就，而不愿意听我们吹嘘自己的成就。法国哲学家罗素说：“如果你想与人结仇，那就胜过你的朋友；但如果你要得到朋友，那就让你的朋友胜过你。”

为什么是这样？因为当我们的朋友胜过我们时，他们的心理就得到了一种自重感，但当我们胜过他们时，他们或他们中的一些人就会产生一种自卑的感觉，还可能会引起猜忌与嫉妒。

法国哲学家罗素说："如果你想与人结仇，那你就胜过你的朋友；但如果你要得到朋友，那就让你的朋友胜过你。"

07 不把自己的意见强加于人

相比那些轻易从别人那儿得来的想法，你是否更加相信那些自我发现的想法呢？如果这样，那些通过他人的嗓子发出的不良判断，是否也会动摇你的观点？提出你的建议，让他人思考得出结论，那样不是一种更聪明的做法吗？

费城一家汽车展示中心的销售经理阿道夫·赛茨，是我班的一名学员，他突然发现，公司的业务员办事不能集中精神，态度不积极，这一点确实需要改变。于是他召开了一次业务会议，鼓励下属说出他们对公司的要求。他把大家的意见写在黑板上，然后，他说道："我会把你们要求我的这些个性全部给你们。现在，我要求你们告诉我，我有权利从你们那儿得到的东西。"紧接着，他提出了自己的要求：敬业、诚实、积极、乐观、团队精神、每天热心地工作八小时等。会议结束的时候，大家都觉得精神百倍，干劲十足，有个业务员甚至自愿每天工作14小时……据赛茨报告说，此后，公司的业务果然蒸蒸日上。

“这些人跟我做了一次有关道义上的交易，”赛茨先生说，“只要我实现自己的诺言，他们也会实现他们的诺言。我征询他们的愿望和期待，这样做正好满足了他们的需要。”

以尤金·韦森的例子来说吧，在他获知这一真理之前，损失了很多的佣金。韦森先生专门从事将新设计的草图卖给服装设计师和生产商的业务。一连三年，他每个星期，或每隔一星期，都前去拜访纽约一位最著名的服装设计师。“他从不拒绝见我，但也从没有买过我所设计的东西。”韦森说道，“他每次都仔细地看过我带去的草图，然后说‘对不起，韦森先生，我们今天又谈不成啦！’”

经历了150次的失败，韦森终于明白自己一定过于守旧了，于是下定决去心研究一下人际关系的有关法则，以帮助自己获得一些新的观念，创造新的热忱。

后来，他决定采用一种新的办法。他把几张没有完成的草图挟在腋

下，然后跑去见设计师。“我想请您给我提供一些帮助，”韦森说道，“这里有几张尚未完成的草图，可否请您帮忙完成，以更加符合你们的需要？”

设计师沉默地看了一下草图，然后说：“把这些草图留在这里，几天之后再回来见我。”

三天之后，韦森回去找设计师，听取了他的建议，然后把草图带回工

作室,按照设计师的建议修饰完成。结果呢?全部被接受了!

韦森说道:“我一直希望他能买我提供的东西,这是错误的。后来我要他提供意见,他就成了设计者。我并没有必要把东西卖给他,他自己就买下了。”

从那时起,这位买主已订购了许多其他的图案,这全是根据他的想法画成的。“我现在明白,这么多年来,为什么我一直无法和这位买主做成买卖,”韦森说,“我以前只是催促他买下我认为他应该买的东西。我现在的做法正好完全相反。我鼓励他把他的想法交给我。他现在觉得这些图案是他创造的,确实也是如此。我现在用不着向他推销。他自动会买。”

发生在L医师身上的一个例子也正好说明了这一点。L医师在纽约布鲁克林区的一家大医院工作,医院需要新添一套X光设备,许多厂商听到这个消息,纷纷前来介绍自己的产品,负责X光部门的医师因而不胜其扰。

但是,有一家制造厂商则采用了一种很高明的技巧。他写来一封信,内容如下:

“我们的工厂最近完成一套X光设备,不久前才运到公司来。由于这套设备并非十分完美,我们想改进它,为了得到进一步改良,我们非常诚恳地请您前来指教。为了不耽误您宝贵的时间,请您随时与我们联络。我们会马上派车去接您。”

“接到信真使我感到诧异,”L医师说道,“以前从没有厂商向我请教,所以这封信让我感到了自己的重要性。那个星期,我每晚都很忙,但还是推辞了一个晚餐约会,抽出时间去看了看那套设备,最后我发现,我愈研究就愈喜欢那套设备了。

“没有人试图把它推销给我,而是我自己向医院建议订购那整套设备的。”

有个加拿大人也运用这种美妙的方法影响了我。那时我正计划前往加拿大的新布鲁斯威克省去钓鱼划船,便写信向旅游局索取资料。事实上,我的名字已列入了邮寄名单,许多营地和向导都给我寄来了大量信件和印刷品，我被迷住了，不知该怎样选择。后来，有个聪明的营地主人寄来一封信，内附许多姓名和电话号码，都是曾经去过他们营地的纽约人。他要我打电话询问这些人，这样就可以详细了解他们营地所提供的服务。

让我很惊讶的是，我在名单上发现了一个朋友的名字，于是便打电话给他，向他请教各种经验。在我决定后，便打了个电话通知营地我到达的日期。

2500 年前，中国古代有位哲人名叫老子，他说过的名言，或许对今日读者仍有益处：

"江海所以能为百谷王者，以其善下之，故能为百谷王。是以圣人欲上民，必以言下之；欲先民，必以身后之。是以圣人处上而民不重，处前而民不害。是以天下乐推而不厌。以其不争，故天下莫能与之争。"如果你要使人信服，你应该记住：让别人觉得那是他们的主意。

大师金言

没有人喜欢强迫接受推销，或被人强迫去做一件事。我们都喜欢按照自己的想法购买东西，或照自己的想法做事，我们很高兴别人征询我们的愿望、需求和意见。

08 善于从他人的角度看问题

记住,别人或许完全错了,但他并不这样认为。在这种情况下,不要指责他人,因为只有傻子才会这样做。你应该了解他,而只有聪明、宽容、特殊的人才会这样去做。

想一想对方为什么会有那样的思想和行为,其中一定有原因。找出其中隐藏的原因来,你便得到了了解他人行动或人格的钥匙。而要找到这把钥匙,就必须将你自己置于他的地位上。

如果你对自己说:“如果我处在他当时的困难中,我将有什么感想,有什么反应?”若对事情的起因抱有兴趣,我们就不太会对结果不喜欢。除此之外,你也可以增加许多处理人际关系的技巧。

多年来,我一直喜欢到离家不远的公园中散步、骑马,以此作为娱乐,像古时高卢人的传教士一样。我崇拜一棵橡树,因此,每当我看见一些小树及灌木被人为地烧掉时,就非常伤心,这些火不是由粗心的吸烟者引起的,它们几乎都是由到园中野炊的孩子们摧残所致。有时这些火势蔓延得很凶,以致必须叫来消防队员才能扑灭。

公园的一个角落竖有一块告示牌,上面写道:“凡引火者将受到罚款及拘禁。”但这告示牌被竖在一处偏僻的地方,很少有孩子能看见它。该公园由一位骑警负责照看,但他对自己的职务不太认真,火灾仍然在每一个季节里出现。有一次,我慌慌张张地跑到一个警察那边,告诉他一场大火正急速地在园中蔓延着,要他通知消防队。他却冷漠地回答说,那不是他负责的事,因为不在他的管辖区中!我急了,所以在那以后,当我骑马的时候,我担负起保护公共地方的义务。最初,我没有试着从儿童的角度来对待这件事。当我看见树下起火时就非常不快,急于想做出正当的事来阻止他们。我上前警告他们，用威严的语调命令他们将火扑灭。而且，如果他们拒绝，我就恫吓要将他们交给警察。我只在发泄我的情感，而没有想到孩子们的感受。

结果呢？那些儿童怀着一种反感的情绪服从了。在我骑马走过那片山之后，他们又重新生火，并恨不得烧掉整个公园。

多年以后，我增加了一些有关人际关系学的知识与方法，于是我不再发布命令，甚至威吓他们，而是骑马来到那堆火前，向他们说道：

“玩得好吗，孩子们？你们在做什么晚餐……当我是一个小孩子时，我母亲喜欢生火——我现在也很喜欢。但你们知道在这公园中生火是非常危险的，我知道你们不是故意这么做，但别的孩子们不会是这样小心，他们过来见你们生了火，所以他们也会学着生火，回家的时候也不扑灭，让火苗蔓延烧毁了树木。如果我们再不小心，这里就会没有树林。因为生火，你们可能被拘捕入狱。我不干涉你们的快乐，看到你们感到如此快乐我也高兴。但请你们即刻将所有的树叶从火堆拨开——在你们离开以前，你们要小心用土掩埋起来，下次，你们玩乐时，请你们在山丘那边沙滩中生火，好吗？那里不会有危险——谢谢你们，孩子们。祝你们愉快。”

这种说法产生了很不同的效果。它使孩子们产生了一种同你合作的欲望，没有仇恨，没有反感。他们没有被强制服从命令。他们保全了面子。他们觉得好,我也感觉很好,因为我处理这一事情时,考虑了他们的想法。

“在与人会谈以前,我情愿在那人办公室外的人行道上走上两小时,”哈佛商学院的一位院士说,“而不愿贸然走进他的办公室,如果对于我所要说的,及他似乎要回答的东西没有一个十分清楚的观念的话。”

这段话太重要了,为了以示强调,我在此重述一遍:

“在与人会谈以前,我情愿在那人办公室外的人行道上走上两小时,而不愿贸然走进他的办公室,如果对于我所要说的,及他似乎要回答的东西没有一个十分清楚的观念的话。”

经常从别人的角度去想,如果你从此书中仅仅获得这一点,这或许不难成为影响你终身事业的一个关键因素。

经常从别人的角度去想,由他人的立场去考虑事情,一如你自己的一样。

09 对他人的意见或想法表示同情

有这么一句神奇的话,它可以阻止人们的争执,除去他人产生的不愉快的感觉,并给他人创造一个良好的印象,还能使对方注意倾听。那么,你是否急切想知道这一神奇语句是什么呢?

是的,这句话就是:“我一点不责怪你有这种感觉。如果我是你,我的感觉肯定与你一样。”

类似这样的一种回答,可以使所有坏脾气和年纪大的爱咒骂的人变得温和,你完全可以真诚地说出这句话,因为假如你是对方,你也会产生同他一样的感觉。例如,你不是一条响尾蛇,唯一的理由是,你的父母不是响尾蛇。你之所以成为现在这样的人,你并没什么可以骄傲的。要记住,出现在你面前的那些充满烦躁、固执、不讲道理的人,他们之所以成为这样的人,其实他们也没有很大的过错。要对他们感到难过、怜悯与同情。要对自己说:“如果不是上帝的恩赐,我也会走在那边。”

有一次,我在电台发表演说中提到《小妇人》的作者露易斯. M. 阿尔科特。当然,我知道,她生长在马萨诸塞州的康科德,并且写下了她那部流芳百世的作品。但是,我没有注意,我说我曾到新何赛的康科德去参观过她的老家。如果我说新何赛只一次,或许可以原谅,但不幸的是,我说了两次。一下子,我被函件、电报淹没了,愤怒的言辞像一群野蜂似的围

绕在我那无法抵御的头上。其中许多是愤怒的,有几个是侮辱的。有一位美国老太太,生长在康科德,当时住在费城,对我发泄了她的强烈怒火。就算我诬告阿尔科特女士为来自纽格尼的食人者,她也不能再更生气了。读那信时,我对自己说:“谢谢上帝,我没有娶那女子。”我认为我应写信告诉她,虽然我在地理知识上犯了一个错误,但她在常规礼仪上却犯了一个更大的错误。这将是我开始的语句,即要表达我的情绪,然后我要卷起袖子来告诉她我真实的想法。但我没有这样做,我克制住自

己。我知道任何一个头脑发昏的人都会那样做，而大多数傻子正是那样做的。

我想我要超乎傻子，所以，我决意要将她的仇视变成友善，那将是一个巨大挑战，我将玩一场竞技游戏。我对自己说："如果我是她，我大概也会同她的感觉一样。"所以，我决定对她的观点表示同情。在我不久到费城的时候，便打电话给她，电话中的谈话大概是这样的：

我：某某夫人，几个星期之前，你写给我一封信，我要为此谢谢你。

她：（用有深度、有教养、高尚的声调）请问你是谁？

我：我对你而言是一个陌生人。我的名字叫戴尔·卡耐基。几个星期之前，你听我在播音中讲到阿尔科特，我犯了一个不可宽恕的错误，我说她曾住在新何赛的康科德。那是一个愚笨的大错，我为此道歉。你还费工夫写信给我，真是太好了。

她：我很抱歉我写了那封信，卡耐基先生，我发了脾气。我必须道歉。

我：不！不！你不必道歉，道歉的应该是我，任何学过一些地理知识的人都不能说出我所说的那种蠢话。我曾在后一个星期日播音时道过歉，现在，我要对你本人表示道歉。

她：我生在马萨诸塞康科德，两个世纪以来，我的家庭在马萨诸塞很有名望，而且我以自己的家乡而十分自豪。听你说阿尔科特女士生在新何赛，实在使我难过。但不管怎么说，我对于寄给你的那封信真是很羞愧。

我：我要真诚地告诉你，你的难过不及我的十分之一。我的错误对马萨诸塞无害，但是伤及了你。有着像你这般地位与声望的人，是很少有浪费时间写信给在无线电台播音的人的，如果你在我的演讲中发现错误，我真诚希望你再写信给我。

她：你知道，我真的喜欢你接受我的批评的态度，你一定是一位很诚挚的人，我愿意更多地认识你。

就这样，因为我向她道歉，并同意她的观点，我得到了她的道歉，也获得了他对我的同情。我得到了控制自己脾气的收获,以和善报答侮辱的收获,我从中得到了无限的乐趣。

那些入主白宫的人,差不多每天都要面对人际关系中的棘手问题,塔夫脱总统也不例外。他从经验中深深感到了同情对于缓解恶感的极大价值。在他的《服务伦理》一书中,塔夫脱举了一个相当有趣的例子,证明他是如何使一位失望而有志气的母亲由愤怒变得柔和的。

“华盛顿有一位女士,”塔夫脱写道,“她的丈夫在政界颇有影响力,到我这里来与我周旋了六个多星期,要我给他儿子安排一个职位。她得到了多数参议员的赞助,并同他们一起来我这里说服我。然而,她所要求的这一位置是需要技术资格的,并且这一位置已由该部部长举荐委任给了别人。后来,我接到了这位女士的一封信,说我忘恩负义,因为我拒绝使她成为一个快乐的人。在这种情况下,我要做的事情也很简单。她还进一步抱怨,她与她的州代表,为我所特别重视的一个行政议案费尽心力,并因此得到了所有的投票,而我对她的报答却是如此。

当你收到一封这样的信时,你所做的第一件事就是,如何正确地对待一个不礼貌或举止有些不合体的人。于是,你开始给他回信。然而,如果你聪明的话,你可以将这封信放在抽屉里并锁起来,先等上两天之后再拿出来——这样的信札,回答总要缓上两天——当你隔些时候再取出来,你就不会把它发出,这就是我所采取的办法。过了几天,我坐下来尽力给她写一封极其客气的信,告诉她我明白每一个做母亲的在这种情形下都会感到失望,但那种委任不能只按我个人的好恶来决定,我必须要选一个有技术资格的人,所以只得按照该部部长的推荐委任。我表示,希望他的儿子在他当时所在的位置上做出与她希望相符的成就。那封信使她息怒了,她给我写了一封短信,她说很抱歉曾写了那前一封信。

实际上,当时我所做出的委任没有即刻确定。隔了一段时间,我又接到一封信,说是由她丈夫代笔的,但笔迹与所有其他信件是相同的。

信里告诉我，由于这次事情失望，她已经变得神经衰弱，卧床不起，并且患有严重胃病，并问我是不是能将已经委任的人的名字换上她儿子的，以使她恢复健康？看来我必须再写一封信了，这封是写给她丈夫的。我说我希望诊断不确切，我对他因夫人重病而产生的忧虑深表同情，但如果要将已经确定的名字撤换，这是不可能的，因为我所委任的人已经确定了。在我接到那封信的两天之内，我们在白宫举行过一场音乐会，最先到场向塔夫脱夫人和我致意的两人就是这对夫妇，虽然这位夫人不久前还装过病哩。”

索尔·赫罗克可以说是美国第一位音乐经理人。在几乎半个世纪的时间里，他与世界上一些著名的艺术家打交道，如切利亚宾、邓肯和潘洛夫。赫罗克先生告诉我，在他与那些喜怒无常的艺术家交往时，所得到的第一个经验就是同情——对他们可笑而古怪的脾气表现出更多的同情。

在3年时间里，他都作为切利亚宾音乐会的经纪人——切利亚宾是

最能陶醉首都大戏院高贵观众的一个最伟大的低音歌唱家。但切利亚宾行事像一个被宠坏了的孩子。用伍勒先生那无法模仿的语句来说：“每一天，他都是个糟糕的家伙。”

例如，切利亚宾会在他将要演唱的那一天的中午前后打电话给伍勒先生，说：“沙尔，我觉得很糟糕，我的喉咙破得像没加工的汉堡包了，今晚

我不能唱了。”伍勒先生同他辩论吗？不，他知道艺术经理人不能那样处理，所以他会跑到切利亚宾的旅馆，表示同情。“多么遗憾，”他会惋惜地说，“多么遗憾！我可怜的朋友，当然，你不能唱了。我将立即取消这约定。那只浪费你两三千美元，但与你的名誉相比较，那算得了什么。”

然后，切利亚宾会说：“也许你最好下午再来，5点钟来，看那时我感觉怎样。”

到了5点多钟，伍勒先生就再赶到他的旅馆，给予同情。他会再度坚持取消约定，切利亚宾会再叹息着说：“好吧，你再晚一点来看我，我到那时或许会好一点。”

到了7点半，这位伟大的低音歌唱家答应登台演唱了，只有一个条件，就是伍勒先生跑上首都大戏院的戏台报告说，切利亚宾患重感冒嗓子不好。伍勒先生会说谎地答应他会照办的，因为他知道那是能使这位低中音歌唱家出台演唱的唯一方法。

阿瑟·盖茨博士在他著名的《教育心理学》中说：“所有的人普遍地渴望同情。孩子故意地显示他的伤害，或甚至故意割伤或打伤，以收获大量的同情。出于同样的原因，成人也会显示他们的伤痕，叙述他们的意外、病痛，特别是动手术开刀的情景。为真实的或想象的不幸而感到‘自怜’，实际上，这差不多是人类的一种共性。”

所以，如果希望人们接受你的思想方式，那么，请对他人的愿望和想法表示同情。

大师金言

你明天所遇见的人中，有四分之三是渴望同情的。给他们同情，他们即刻就会喜爱你。

10 激发他人高尚的动机

我生活在密苏里,我曾到杰西·詹姆士的故乡基尼去拜访过。那时,他的儿子詹姆士还在他的农场。杰西的儿媳告诉我一些有关他的故事,杰西如何抢劫火车及银行,然后,将钱给邻近农夫们去抵付贷款。

杰西·詹姆士内心是一个理想主义者,正如达奇·苏尔兹,“双枪杀手”克罗雷,及阿尔·克邦一样。可以这样说,凡你所遇见的人,都很高看自己,并按照他们自己的想法,做一个善良而不自私的人。

J. 皮尔庞特. 摩根在他的一篇短文中分析说,每个人在做事的时候,通常有两种理由:一种是听起来好听,一种是真的很好。每个人都想要真的好的理由,你不用再去强调。因为我们每个人都是自己心中的理想家,喜欢听好听的理由。所以,如果我们想要改变人,先要激起他心中高尚的动机。可在商业中,那样不是太理想了吗? 我们先拿汉弥尔顿·法莱尔先生为例。法莱尔先生有一位不满意的房客扬言他要迁居,但这房客的租约还有 4 个月才满,他通知法莱尔先生他要即刻迁出,不管契约。

“这个人曾在我这儿住了整整一个冬季——这是一年中消费最大的季节,”法莱尔先生在班中讲述这件事情时说,“而且,我知道在秋季以前,很难再将这公寓租出。我眼睁睁地看着 220 美元的钞票就这样飞走了——我真是急疯了。

如果是在以前,我想我会来到那客房的住处,让他把契约读一遍,我要告诉他,如果他搬走,所有应交的房租必须全数交齐——我完全可以按合同向他收钱。

可是,我没有把事情弄大,我想用别的方法解决这件事。所以我是这样做的:‘某先生,’我说,‘我已经听说了你要搬家,但我还是不相信你不是有意迁居的。多年的租房经验让我对人性多多少少有些了解。看得出你是一个十分重视信用的人。实际上，我相信你确实是这样的人，我敢打赌。

现在，我的提议是这样的，你把你的决定先暂时放一放，你再重新考虑一下。如果你在下个月一号的房租到期日之前，仍然想搬走，我答应你的要求，同意你搬走，就当是我判断失误。但我仍然愿意相信你是一个有信用的人，一定会遵守合同。因为到底我们是人还是猴子——选择权就在我们自己手中。

到了下个月，这位先生亲自来付房租。他说他同他的妻子商量过了，决定继续住下去。他们的结论是，履行契约是一件光荣的事。”

当诺斯克立夫爵士发现一份报纸刊登了他不愿意曝光的照片时，他写了一封信给报纸的编辑。但他说的是“请不要再刊布我的那张相片，我不喜欢吗？”不是，他激发了报纸编辑一种更高尚的动机。他激发我们每个人对我们母亲的敬爱。他写道，“请不要再刊布我的那张相片，我的母亲不喜欢它。”

当约翰·洛克菲勒阻止摄影记者偷拍他的孩子时，他也激发了摄影记者的高尚的动机。他没有说：“我不希望你曝光他们的照片。”他激发

了我们内心深处不愿伤害儿童的动机。他对摄影记者说：“诸位，你们自

己也有孩子，你们知道，太多的宣传对孩子的影响是不太好的。”

肯定会有一些抱着怀疑态度的人说：“噢，这类事情对诺斯克立夫及洛克菲勒或一位富于情感的小说家来说是非常容易的一件事。但，我倒是很愿意看看你是怎样对待那些不可理喻的人的！”

你或许是对的。没有什么东西能在任何情况下都管用——也没有什么东西对任何人都适用。如果你满意你现在的一切，为什么还要改变呢？如果你不满意，何不试一试？

无论如何，我想你一定会喜欢读我从前的一位学生汤姆士所讲的故事：

一家汽车公司的六位顾客，拒付修理汽车的费用。他们中没有一位顾客拒绝付账，但他们每一个人都说账单有误。虽然我们进行的每一项修理，顾客们都签过字。所以公司知道自己是没有错的——他们这样对顾客说了他们没错，这就是他们犯的第一个错误。

下面列举的是信用部的职员收这些过期的账目经过的步骤。你觉得他们能成功吗？

1. 他们拜访了每位顾客，并老实地告诉他，他们是来收那笔过期很久的欠账的。

2. 他们说得很清楚，公司是绝对没有错误的，所以这些顾客的质疑绝对是错误的。

3. 他们暗示，公司对汽车知识的了解比顾客们要多得多。他们没有什么好争论的。

4. 结果：他们辩论起来。

这些方法之中有使顾客和解付账的可能吗？你可以自己回答这个问题。事情发展到这个地步，信用部主任准备用法律手段解决这件事，幸好，这件事传到总经理的耳朵里。这位经理调查了这些欠账的主顾，他发现这几位顾客都有按时付款的好名声。这件事一定有什么误会——收账的方法有问题。所以他叫汤姆士去收这些“不能收的账”。下面这些是汤姆士先生所采取的步骤：

1. 我去拜访每位顾客拒绝付账的目的，汤姆士先生说，“同样是要收一笔过期很久的账——一笔我们知道我们是绝对没有错的账。但关于这点我对几位顾客只字未提，我对他们说，我来拜访是为做调查，看公司有什么做得不到位的地方。

2. 我清楚地说明，在我听过顾客的意见以前，我没有任何意见要发表。我告诉他们公司并没有认为自己没有错误。

3. 我告诉他我只关心他的汽车，世界上没有任何人比他更了解他的汽车，他是这个问题的权威。

4. 我让他讲话，我静静地听他说，并表现出他所期望的注意与同情。

5. 最后，当顾客有了理智的情绪，我不带任何意见的将整个事情摊开说明。

我激发了他们高尚的动机。首先，我说，“我知道这件事我们处理得很不妥当。您已经被我们的一个代表烦扰、激怒，并给您的生活带来了不便，发生这种事真是不应该。我代表公司向您道歉。我坐在这里听您说您的理由，我不能不为您的公平与忍耐力所感动。而现在，因为您的公平与忍耐力，我想请您帮我一个忙，这个忙您做得会比其他任何人都好，而且您对这件事知道的要比其他人知道得多。这是您的账单，我可以修改一下，就像您是我们公司的经理一样，您是值得信任的。我把这件事全权交由您处理。您觉得应该怎么办就怎么办。”

他曾改过账单吗？“他的确这样做了，并且削减了不少。账单的价位从150美元至400美元不等——但顾客让自己占尽了便宜了吗？有一位顾客是这样！这位顾客拒绝为这笔有争议的款项支付一分钱，但那五位顾客付了他们该付的钱。最精彩的是——在后来的两年里，六位顾客又在我们公司买了新汽车！”

“经验告诉我，”汤姆士先生说，“当没有信息显示是顾客犯了错误的时候，想解决事情的唯一完美的方式就是相信他是真诚、诚实、可靠，并愿意付账的，并相信他们是正确的。换句话说，或是更明确地说，人都是诚实可信的，都要履行应尽的义务。没有人可以例外，我相信世界上有故意刁难的人存在，如果你能让他感觉到你相信他诚实、正直、公道，那他们也不会辜负你的期望。”

我相信世界上有故意刁难的人存在，如果你能让他感觉到你相信他诚实、正值、公道，那他们也不会辜负你的期望。

11 使自己的意图戏剧化

数年前，《费城晚报》曾遭到一次蓄意的诋毁运动的攻击。谣言迅速的散布开来。有人对晚报的广告商说，《费城晚报》刊登广告太多，新闻太少，对读者已经没有了吸引力，失去了报纸的价值。报社有必要立即采取行动澄清事实。

他们是如何做的呢？下面就是他们的方法。

晚报把普通版每天刊载的阅读内容分门别类的出版成一册书，书的名字叫《一日》。共307页——与精装书的厚度一样。而晚报将这些新闻阅读内容一日刊出，售价不是二厘，而是二分。

那本书的刊印，直接说明了晚报曾刊登大量有趣的读物的事实。这比无聊的数字及空洞的交谈更有趣更深刻。

饰窗专家也深知戏剧化力量强大。例如，新老鼠药的制造商，给销售代理一个橱窗还有两只活老鼠。有老鼠做试验的那个星期，销量是平时的五倍。

詹姆斯. B. 伯顿要做一个冗长的市场报告。他的公司刚刚完成一个润肤冷膏的市场研究。现在,他们需要一份市场竞争的相关数据。这个客户是地位最高——也最可怕的广告业主,他的第一次洽谈彻底失败了。

"第一次我进去,"伯顿先生解释说,"我觉得自己走错了路,我转到了没用的讨论和调查的方法上去。他辩论,我也辩论;他指责我错了,我就竭力地证明自己是正确的。

最后,我辩论胜利,我自己很满意——但我的时间也到了,会谈结束了,我毫无收获。

我第二次去见这个人的时候,我没有管那些数字及资料的表格,我把我的事实戏剧化地表现了出来。

当我到他办公室的时候,他正忙着接电话,等他讲完电话,我打开我带来的皮箱,拿出 32 瓶冷膏放在他的桌上——这些都是他熟知的竞争对手的产品。

在每只瓶上,我都贴了一个标签,上面写着我调查的结果。简单地,戏剧性地叙述了每个产品的故事。"

结果怎么样?

"我们不再辩论了。这里是些新的,但又不同的东西,他拿起一瓶又一瓶的冷膏瓶仔细阅读标签上的说明。一个气氛和谐的谈话开始了,他问了很多其他方面的问题,他听得非常有兴致。本来他只给了我10分钟的时间,但10分钟过去了,20分钟,40分钟,一个小时过去了,我们的谈话还在继续。我这次陈述的跟我以前陈述的事实一样,但这次我用了戏剧化的表演形式——两者的差异是多么大啊!"

这是一个充满戏剧化的时代,仅仅陈述事实是不够的,还需要把事实生动化、趣味化、戏剧化。你必须学会表演。电影这样做,电视这样做,如果你想被人注意,你也必须这样做。

12 让他人不断面临挑战

查尔斯·斯瓦伯手下有一位厂长,他的工人经常完不成生产指标。

"怎么回事?"斯瓦伯问道,"像你这样能干的人,为什么会完成不了生产任务呢?"

"我不知道。"厂长回答说,"我哄过他们,逼过他们,也骂过他们,甚至,我还用开除吓唬过他们,但是就是不起作用,他们就是不愿意干活。"

这一天,正巧到了上夜班的时间,夜班的工人都来了。"给我一支粉笔,"斯瓦伯说,然后,他问离他最近的一个人说:"你们这班今天做了几个活?"

“6个。”

斯瓦伯一句话也没说，在地板上写了一个大大的“6”字就走开了。

上夜班的工人进来，看见这个“6”字，问是什么意思。

“大老板今天来我们这里，”日班的人说，“他问我们做了多少，我们告诉他6个，他在地板上写上的。”

第二天早晨，斯瓦伯又在这间工厂走过，夜班的工人已将“6”字去掉，换了一个“7”字。

日班来上工的工人看见一个大大的“7”写在地板上。夜班以为他们比日班做得好，是不是？好，他们要给夜班一些颜色看看。他们热情高涨地抓紧工作，那晚他们离开时，在地板上留下了一个神气活现的大大的“10”。工厂的情形逐渐好起来了。

不久，这个一度生产落后的工厂，比公司其他的工厂生产的产品都多。

原因是什么？

让查尔斯·斯瓦伯用自己的话来说吧。“竞争是实现目标最好的方法。我所说的竞争不是为了钱不惜一切手段，我说的是竞争是争胜的欲望。”

没有挑战,西奥多·罗斯福就不会成为美国总统。这位骑士刚从古巴回来就被推举为纽约州州长的候选人。反对他的人发现,他现在已经不是纽约州的合法居民了。罗斯福恐慌了,他想要退出选举。于是托马斯·卜拉德用激将法激励他,他向罗斯福大声叫道:“难道圣巨恩山的英雄是一个懦夫吗?”

罗斯福继续奋斗下去,其余的事就是历史了。挑战不只改变了他的一生,也改变了美国的历史。

在阿乐·史密斯任纽约州长时,他遇到了这样一个问题。猩猩监狱是鬼岛西面的最负恶名的一个监狱,那里没有监狱长,许多丑闻及谣言在狱中汹涌而出。史密斯需要一位强有力的人去治理猩猩监狱——一位像刚铁一样的强人。派谁去呢?他派去了纽约汉普顿的劳斯。

“去管理猩猩如何?”当劳斯站在他面前的时候,他愉快地说,“他们那里需要一个有经验有能力的人。”

劳斯很吃惊,他知道猩猩监狱的危险状况,那是一个政治性的差使,受政治变化的影响很大。那里的狱长一再更换——有一位在职只有三个星期,他要考虑他的终身事业。那值得他冒险吗?

史密斯看出了他的犹豫,他向后一倚,笑着说:“年轻人,我不怪你害怕,那确实不是一个太平的地方,那里需要一个有能力的大人物去管理。”

史密斯就这样给劳斯抛下了一个挑战。是不是?劳斯喜欢尝试需要一个有能力的大人物的工作意念。

所以他去了,他住下了。他成为在那里任职时间最长的最著名的狱长。他写的《在猩猩的两年里》一书,销量达到几十万册。他在电台广播他在猩猩监狱中生活的故事,他的故事还被拍成电影。他对罪犯的“人性化”管理,创造了许多监狱改革的奇事。

每个成功的人都喜欢的竞技游戏，他们把它当成是一种自我表现的机会，同时也是证明自己价值、战胜他人的机会。

第四章

如何更好地说服他人

称赞是温暖他人心灵的阳光，没有阳光，我们就没有花儿和收成。称赞会给他一种自重感，这样他就会与你保持合作，而不是背叛。

01 从赞扬和欣赏开始

在卡尔文·柯立芝总统执政的时候，我的一位朋友于周末时到白宫做客。他来到总统私人办公室的门口时，听到柯立芝对他的女秘书说，“你今天早晨穿的衣服真好看，你是一个非常有吸引力的女孩子。”

这恐怕是沉默的柯立芝一生中赏赐给这位女秘书最荣耀的称赞了。是那样的不寻常，如此的出人意料，导致那女孩子面红耳赤，不知所措。然后，柯立芝对她说：“不要难为情，我说这话只为使你觉得好过。从现在起，我希望你多注意一点你的缺点。”

他的方法似乎太直白，但他心理学却运用的十分巧妙，在我们听到那些对我们赞扬的话以后，再听不愉快的话，也是比较容易接受的。

理发师在替人修面之前，要先涂层肥皂。麦金利在1896年竞选总统时，就是这样做的。

当时，有一位著名的共和党人写了一篇演讲词，他自己觉得比西西洛、帕特里克·亨利和丹尼尔·韦伯斯特他们合起来写得还好。于是，这位先生非常高兴的把演讲词读给了麦金利听，这篇演讲词确实写得很好，但场合不太合适，很可能会引起一场批评风波。但麦金利不愿伤害这个人的感情。他一定不能扼杀了这个人的壮志情怀，但他又不得不说“不”。他是怎样巧妙的处理的？

“我的朋友，那是一篇精彩的演讲词，一篇伟大的演讲词，”麦金利说，“没有人能写的比这篇更好。它在许多场合都非常合适，但这次特殊的场合，你觉得它是特别适合吗？从你的立场上看，这的确非常合理，但我必须从整个党的立场来考虑它带来的影响。现在，你按照我的指示，回家重新写一篇再来拿给我看。”

他按照麦金利说的做了,麦金利加以修改,帮他改好了第二篇演讲词,后来,他成为竞选中一位有影响力的演讲员。

这里是亚伯拉罕·林肯所写的第二封最著名的信。(他的第一封最著名的信是写给毕克斯贝夫人的,对她在战争中丧失五个儿子表示哀悼。)这封信林肯大约只用5分钟完成,但在1926年的公开拍卖会上,它却卖得12 000美元。顺便说一下,这些钱比那时林肯苦干50年所存的钱还多。

这封信是在美国内战最黑暗的时期——1863年4月26日写的。18个月来,林肯的将领带着联军屡遭惨败。一切只是白费力气的、昏愚的人类的屠杀,全国上下一片惊惶,数千名士兵从军队逃走。甚至参议院的共和党议员也都乱了,他们强迫林肯退出白宫。"我们现在正走在灭亡的边沿上,"林肯说,"我觉得现在上帝甚至都在反对我们。我看不出一丝希望的曙光。"就是这样一个黑暗、忧愁、紊乱的时期,林肯写了这封信。

在这里,我将这封信展示出来,因为这显示了林肯是怎样在国家的命运取决于一位将军行动的时候,设法改变这名喧闹的将军的。这封信恐怕是林肯在做总统以后,写过的最锐利的一封,你可以看到,林肯在指出他严重的错误以前,他先称赞胡格将军。

是的,那些都是非常严重的错误。但林肯没有这样说,林肯是更保

守、更有外交手段的。林肯写道:“有些事,我对你不是十分满意。”讲的多机敏,多有外交手段!下面的就是致胡格将军的信:

我已经让你做了波多马克河军队的将领了。当然,我这样做是因为我有足够的理由。虽然如此,我还是希望你知道,有些事我对你不是十分满意。

我相信你是一名勇敢聪明的战士,当然我也喜欢这样的人。我也相信你不会将政治与职务混淆,在这件事上,你是对的。你对你自己有自信,那是一种有价值的,不过它不是必不可少的性格。

你很有志气,在一定的范围内,这是有益无害的。但在柏恩赛将军带领军队的时候,你出于个人的意愿,竭力的阻挠他的行动,这件事,我想,你对国家,对一位战功显赫的同僚长官,犯了一个大错。

我曾听说,我也相信,你最近曾说军队与政府都需要一位独裁者。当然,我没有因为这个,尽管有些是因为这个我才给了你指挥权。

只有那些成功的将领才能成为独裁者。我现在要求你的是军事上的胜利,我可以冒险将独裁权给你。

政府会尽力帮助你,就像为所有的指挥官已经做的和可以做的,最大限度地支持你。我非常担心你所致力灌输于军队的批评将领及不信任将领的精神,现在会反作用在你的身上,我会尽力帮你消灭这种精神。

当这种精神存在于军队中时,不是你,也不是拿破仑(如果他还活着),能从军队中得到什么益处。现在,别鲁莽,别鲁莽,但一定要用所有的精力及不懈的努力前进,以争取到我们的胜利。

你不是柯立芝、麦金利或林肯,你想知道这哲学是否在你日常生活中能派上用场。我们拿费城沃克公司的高伍为例。

沃克公司在费城承包建筑一座办公大厦,在指定的日期之前必须完工。一切都进展很顺利,眼看整个建筑马上就完成了。突然,做这建筑装饰的青铜工的包工者声称,他们不能按期交货。什么!如果这样,整个建筑都要被搁置!罚金!损失!都是因为这一个人!

长途电话，辩论，激烈的谈话，都是徒劳。于是高伍先生被派去纽约到这铜狮巢里去拔掉这狮子的胡须。

“你知道你的姓在布鲁克林是独一无二的吗？”高伍先生来到这位经理的办公室的时候问道。这位经理很惊异，“不，我不知道。”

“哦，”高伍先生说，“今天早晨，我下火车后，我查电话簿，找你的住址，在布鲁克林电话簿中只有你一个人是姓这个姓的。”

“我从没听说过，”经理说，他饶有兴趣的翻看着电话簿，“啊，这确实不是一个平常的姓，”他自豪地说，“差不多200年前，我的祖先就从荷兰

搬到纽约来了。”接下来的几分钟，他一直在谈论他的家庭及他的祖先。他说完以后，高伍先生恭维羡慕他有这么大的一个厂子，而且比他曾参观过的几个同样的厂子都好。“这是我见过的最干净的铜器工厂。”高伍说。

“我把一生的精力都用在了经营这家铜器厂上，”经理说，“我很引以为豪。你愿意参观一下我的工厂吗？”

在参观期间，高伍先生恭维他工厂的构造系统，并告诉他他的工厂比其他的几家竞争者看起来要好，及好在哪里。高伍先生对几种特别的机器提出了自己的看法，那位经理宣称那些机器都是他自己发明的。他花了相当多的时间向高伍先生展示那些机器的构造，以及他们是如何运转

并生产出许多优良铜器的,他坚持要请高伍先生吃午餐。你要注意,直到这时,高伍先生来访的真实目的他还只字未提。

午餐以后,经理说,“现在,言归正传,我知道你来这儿的目的是什么。没想到我们的聚会会如此愉快,你可以先放心的回费城去,你们需要的材料制造好后,我马上就给你们送过去。就算别人家的订货不得不延迟,我也会先给你们做完。”

高伍先生甚至没有请求,就得到了他想要的每样东西。最后,材料按期交付,建筑在合同期满的那天完成了。

如果高伍先生用了平常人在这种情形下所用的锤打及暴烈的方法,能有这样的结果吗? 所以,想赢得别人的赞同,从赞美及真诚的欣赏开始。

大师金言

从赞扬和欣赏开始,就像理发师在替人修面之前,要先涂上肥皂一样,可以减少被划破的可能,而赞扬和欣赏可以更好地改变和说服一个人。

02 间接委婉地指出他人的过错

一天中午,查尔斯·斯瓦伯从他的一个钢厂中经过,遇见他的几个工人在吸烟。刚好在他们的头上就有一块布告牌说“禁止吸烟” 。斯瓦伯是否指着这布告牌说,“你们不认字吗?”没有,斯瓦伯绝对没有。他走到这些人前,给每人一支雪茄,说道,“孩子们,如果你们到外边去吸这些雪茄,我会很感激。”他们知道他们已经犯了这项规则——他们赞赏他,因为他没有说什么,并且给他们一点小礼物,使他们感觉重要。你不能不喜爱一位那样的人,是不是?

约翰·范纳美克用这同样的方法。范纳美克常在他开在费城的大百货店中每日巡行,有一次,他看见一位顾客在柜台前等着,却没有人招呼

她。售货员在哪里?她们都聚在柜台远边的角上互相谈笑着。范纳美克一声不响,轻轻的来到柜台后面,他自己接待这位女子,将物品交给售货员去包装,然后他就走开了。

官员们常因为不接待民众而受批评,是的,他们很忙,但有时是因为他们的助手挡住了求见者,助手们不想让他们的上司太累。

卡尔·兰福特当了多年的奥兰多市的市长,迪斯尼乐园就在那里。他经常对他的部下说,不要阻拦民众来见他。他宣布实行“开门政策”,但是,来访的市民们还是被他的秘书和下属们拦在办公室的门外。

后来,这位市长想了一个办法。他让人卸掉了办公室的大门,他的下属们也知道不能再拦了。就这样,这位市长真的做到了“开门政策”。

仅仅改变一个三个字的单词就可以改变你人际交往的成败,而且还会得罪人,引发怨恨。

大部分人在赞扬完了别人,转到批评之前,都会用一个词“但是”。

例如,要改变一个孩子不专心读书的态度,我们往往会这么说:"约翰尼,我们为你感到骄傲,这个学期你的学习取得了进步,'但是'如果你在代数方面再多下点工夫的话,就更好了。"

这个例子,约翰尼在听到"但是"之前,感觉很好。可"但是"一出现,他马上怀疑这个赞许的可信度。他开始感到,这其实是个批评,他因此而反感。我们要改变他的愿望就无法实现了。如此一来,不但赞美的真实性大打折扣,对改变约翰尼的学习态度也没什么助益。

如果把"但是"换成"而且",情况就好多了。让我们试一下:"约翰,我们真为你骄傲,这个学期你的学习取得了进步,'而且'如果你在代数上再多下点工夫的话,就更好了。"

这一回,约翰尼会很愉快地接受这份赞许,因为他感觉到了赞扬和鼓励,而不是批评。他会愉快地按照我们希望的那样去做。

下面是罗得岛的玛姬·杰克在我们的课程中讲述的,她怎样让一帮懒惰的建筑工人,给她盖房子的同时又帮她打扫干净的故事:

刚开始的几天里,杰克太太下班回家之后,总是看到满院子的木屑。她没有说工人们什么,因为他们分内的活干得很好。于是,等工人走后,她和孩子们把院子里的碎木头收拾起来,并整齐地在屋角放好。第二天早上,她对工头说:"我很喜欢昨天晚上这种整洁的样子,而且也不会冒犯邻居。"从此,工人每天下班前,都会收拾好碎木头,并整齐地放到一边。工头也每天都来检查一下。

在预备军人和正规军训练人员之间,最大的不同就是军人的发型,预备军人认为他们是普通民众,所以很抵触剪短头发。

哈雷·凯泽是美国陆军第 542 分校的士官长,当他训练一批预备军官时,想解决这个问题,按照他在正规军时的做法,他会用强制的命令。但现在,他不想这样做。

他对他们说:"先生们,你们都是领导者。如果你们以身作则的话,会取得最好的效果。你们必须为你的听从者做个榜样。你们应该知道军队关于发型的纪律，虽然，我现在的头发比很多人短很多，我今天还是要去理发。你们可以照一下镜子，看看你们符合榜样的要求吗？我想你们会自觉的，我会给你们去营区理发部理发的时间。”

对那些非常敏感的人，用巧妙的暗示，让他们改正自己的错误，会收到奇妙的效果。

03　首先陈述你自己的错误

数年前，我的侄女约瑟芬·卡耐基离开她在堪萨斯城的家到纽约来担任我的秘书。她 19 岁，三年前中学毕业，那时，她的办事经验比零稍多一点。现在，她已经是在苏伊士运河西面的一位最全能的秘书，但在最初，她十分敏感脆弱。有一天，我开始批评她的时候，我对我自己说道：“且等一等，戴尔·卡耐基，且等一等。你的岁数比约瑟芬大一倍，你有多一万倍的办事经验，你如何能希望她有你的观点，你的判断，你的自主——何况你自己也很平庸？等一等，戴尔，你在 19 岁时做什么？记得你所做的呆笨的错误，愚鲁的大错吗？记得你做这……那个的时候吗？”

真诚的，公平的想过这些以后，我得到结论，约瑟芬 19 岁的平均能力比我那时还好——而这句话，我很惭愧的承认，以前没这样称赞过她。

所以在那以后，当我要让约瑟芬注意她的错误的时候，我常这样说，“约瑟芬，你做错了一件事，但天知道，我以前犯的错比你的还严重。你不是生而具有判断力的，那只由经验而来。你比我在你这岁数时好多了。

我自己曾犯过许多愚钝的错误,我很不愿意批评人,但你不觉得如果这样做就更好了吗?"

如果批评的人开始先谦逊的承认他自己也并非无可挑剔,然后再听他说自己的错误似乎就没那么困难了。

加拿大有位工程师叫 E. G. 迪利斯通,他发现秘书常常把口授的信件拼错字,每一页几乎都要错两三个字。那么,他是如何让秘书改正这一错误的呢?

"就像许多工程师一样,别人并不以为我的英文或拼写有多好。我有个坚持了好几年的习惯,就是常常随身带着一个小笔记本,上面记下了我常拼错的字。我虽然常常指正秘书所犯的错误,但她还是我行我素,一点也没有改进的意思。我决定改变方式,当我又发现她拼错时,我坐到打字机旁,告诉她说:

'这字看起来似乎不像,也是我常拼错的许多字之一,幸好我随身带有拼写簿(我打开拼写本,翻到所要的那页)。哦,就在这里。我现在对拼写十分注意,因为别人常常以此来评断我们,而且拼错字也显得我们不够内行。'

我不知道后来她有没有采用我的方法。但很显然,自那次谈话之后,她就很少再拼错字了。"在批评别人之前承认自己也不是十全十美的,这样就比较容易让人接受了。

面对一个有错不改的人,你只要先说自己的错误,就能更容易地让他改正错误。马里兰州提蒙尼姆的克劳伦斯·周哈辛就知道这个道理。有一次,他看到了他 15 岁的儿子正在学抽烟。

"当然,我不想让大卫抽烟,"周哈辛先生告诉我,"但我和我妻子都一直在抽,我们起了不好的示范作用。我给他讲我自己吸烟的事。我对大卫说,我像他这么大时也开始吸烟了,很快我就上了瘾,吸烟严重损害了我的健康,而现在我几乎都戒不了了。我提醒他,我经常咳嗽的很厉害,如果他抽上几年,后果也会和我一样。我没有劝他不抽,或者警告他

抽烟的害处。我只是告诉他我自己是怎么上瘾，然后受到怎样的影响。大卫考虑了一阵子，然后告诉我，他决定在上完高中前，就不吸了，而直到现在他都没有再吸。从那次谈话后，我也决定不吸了，在家人的帮助下，我成功地把它戒掉了。”

大师金言

在批评对方以前，首先陈述你自己的错误，比你直接批评他会产生更神奇的效果。

04　没有人喜欢受人指使

我最近很荣幸的同美国传记资深作家伊达·塔贝尔小姐一起吃饭，当我告诉她正在写这本书的时候，我们开始讨论这个重要的与人相处的问题。她告诉我当她写欧文·杨的传记时，访问过一位曾同杨先生坐在同一办公室三年的一个人，这人说在那样长的时间中，他从未听到欧文·杨给任何人下过命令。他总是给出建议，而不是命令。例如，欧文·杨从未说过："做这个或做那个"，或"别做这个，或别做那个"。他说，"你可以考虑一下这个"，或"你觉得那样会有效吗？"在他口述完一封信后，他常说，"你觉得如何？"在看过他助理的一封信以后，他说，"如果我们这样措辞或许比较好些。"他总给人机会自己去做事，他从来不告诉他的助手去做事。他让他们做，让他们从他们的错误中得到教训。

这种办法容易让一个人改正错误，保持个人的尊严，给他一种自重感，这样他就会与你保持合作，而不是背叛。

无礼的命令只会导致长久的怨恨——即使这个命令可以用来改正他人明显的错误。宾夕法尼亚州有位教师丹·桑塔雷利给我讲述了这样一件事：有个学生把车子停在了不该停的地方，因而挡住了别人的路。有个

老师冲进教室很不客气地问："是谁的车子挡住了道？"等汽车主人回答之后，这位教师厉声说道，"马上把车子移开，否则我叫人把车拖走。"

这个学生是犯了错，车子是不该停在那里。但是，从那天开始，不只那个学生对那位老师心存不满，甚至别的学生也常常故意捣蛋，不让他有好日子过。

如果这位老师用不同的方式来处理这件事，结果又会怎样呢？他可

以好好地问:“谁的车子挡住了道?”然后,建议这位学生移开车子,以方便别人进出。相信这个学生会乐意这么做,也不致引起其他学生的公愤。

伊安·麦克唐纳是南非约翰内斯堡一家小工厂的总经理。这家工厂专门制造精密仪器零件。有人愿意向他们订购一大批货物,但要麦克唐纳先生确定能否如期交货。由于工厂的进度早已安排好,是否能在短时间内赶出一大批货,麦克唐纳不敢确定。

麦克唐纳没有催促工人赶工,他只是召集了所有员工,把事情向他们详细说明了一番,告诉他们,如果能按时完成这批订单,对公司和个人都会有很大益处的。于是,他开始提问:

“我们有什么办法可以处理这批订货?”

“有没有人想出其他办法,看我们工厂是不是可以赶出这批订货?”

“有没有什么办法可以调整一下时间或个人分配的工作,以加快生产进度?”

员工们纷纷提出意见,并且坚持接下订单。他们用“我们可以做到”的态度去处理问题,结果他们接下了订单,并且如期赶出了这批订货。

不管你的地位有多高,你的权威有多大,都不要随意下命令,应该以提问的方式来代替命令,因为没有人喜欢接受命令。

05 保全他人的面子

多年前,通用电气公司遇到了一件不容易应付的事,公司不知道应不应该将查尔斯·司丹麦的部长职位撤去。司丹麦是电学上的一位奇才,但他担任的是会计部部长,这对他能力的发挥毫无用处,但公司不想得罪他,因为他是不可少的——但又极其敏感的一个人。所以,他们给他一个新头衔,通用汽车公司咨询工程师,工作性质一样,但却是由别人去主管那个部门。

司丹麦对这一安排很满意。

通用电气公司当然也很高兴。因为他们终于把这位容易发怒的明星调遣成功,而且没有引起任何风暴——因为,他仍保留了面子。

给别人留面子,这是多么重要啊!我们中很少有人能静心的想想这个问题!我们随意蹂躏别人的感情,为所欲为,纠错恐吓,当着别人的面批评孩子或员工,毫不顾虑对别人自尊的伤害!然而,几分钟的思考,一两句体恤的话,一点对对方态度的真实了解,对于缓和这种刺痛,真的很有帮助!

下次我们再遇见必须要解除仆役或职工的事情时,我们要记住。

“解雇员工没什么乐趣,被解雇更没什么乐趣。”(我这句话引自会计师马歇尔·格莱格的来信)“我们的营业额受季节的限制,所以,我们必须在所得税申报热潮过了以后解雇一些人。”“我们有一句行话叫做‘没有人喜欢砍斧头’,因此我们养成了一种习惯,希望事情越早结束越好。我们使用的方法通常如下:请坐,某先生,季节已过,我们好像已经没有什么工作可以给你做了。当然,你也明白,你也只是我们因为忙不过来才雇佣的,等等。”

“这些话给这些被解雇的人造成的影响是失望,他们有一种‘被辞’的感觉。他们中很多人是终身都从事会计这个行业,他们对如此草率就辞退他们的单位,也不会有什么留恋的。

近来,我决定在解雇其他人时,对他们多加一些手段与体恤。所以我对他们每个人冬季的工作表现仔细考察过后,叫他们进来。我是这样说的:‘史密斯先生,你的工作完成的非常好(如果他是真的做得好）。那次我们派你到纽瓦克去，工作困难且艰巨，尽管这样，你仍然非常出色地完成了。我们要你知道公司以你为荣。你很有能力，你的前途远大，不论你身在何处工作，公司都相信你，并永远支持你，希望你永远记住这点！’

结果呢？这些人走了，但对于被辞的感觉却好得多。他们不觉得是‘被辞’的。他们知道如果公司有工作给他们做，我们会继续聘用他们。而且当公司再需用他们的时候，他们会带着他们热切的感情高兴的继续回到这里。”

在我们的一次训练班上，两个学员讨论了挽回面子给人带来的积极作用和消极作用。

宾夕法尼亚州的弗雷德·克拉克谈到了发生在他们公司的一段插曲：

有一次开生产会议的时候，副总裁提出了一个尖锐的问题，是有关生产过程的管理问题。他气势汹汹，矛头指向生产部总监，一副准备挑错的样子。为了不在同事中出丑，生产总监对问题避而不答。这使副总裁更为恼火，直截了当地骂生产总监是个骗子。

“再好的工作关系，都会因这样的火暴场面而毁坏。凭良心说，那位总监是个很好的雇员。但从那天开始，他再也不能留在公司里了。几个月后，他转到了另一家公司，在那里他表现很好。”

另一位学员安娜·玛桑也谈到相同的情形，但因处理方法不同，结果却不一样。玛桑小姐在一家食品包装公司当市场调查员，她刚接下第一份差事——为一项新产品做市场调查。她说道：“当结果出来的时候，我几乎崩溃了。由于计划工作的一系列错误，整个结果也跟着完全错误，必须从头再来。更糟糕的是，报告会议马上就开始了，我根本没有时间跟老板商量这件事。

当他们要我做报告的时候，我吓得全身发抖。我尽量使自己不哭出来，免得惹得大家嘲笑，因为我过于情绪化。我简短地说明了一下情形，

并表示要重新改正,以便在下次会议时提出。坐下后,我等着老板大发雷霆。

出乎意料的是,他先感谢我工作勤奋,并表示新计划难免会有错。他相信新的调查一定会正确无误,会对公司有很大帮助。他在众人面前肯定我,相信我已尽了力,并说我缺少的是经验,而非能力。

我挺直胸膛离开会场,并下定决心不再让这种情形发生。”

大师金言

有时即使我们是对的,别人是错的,如果让他过于丢面子的话,只能会让事情变得更糟。所以,无论何时,我们都要记住:使对方保持他的面子。这也是你有修养的体现。

06 激励他人获得成功

彼得·巴洛是我的一个老朋友，他自己有一个马戏团，他的一生都在随同马戏班及技术表演团到处旅行。我喜欢看他训练新狗，我发现，只要狗有轻微的进步，他就会轻轻地拍拍它，称赞它，并给它肉吃，就好像他完成了一件大事一样。

这没什么大惊小怪的，数百年来，训练动物的人用的都是同样的方法。

我很奇怪，为什么在要改变人的时候，我们不用改变狗的同样的方法呢？我们为什么不以肉代鞭？以称赞代替惩罚？就算是最轻微的进步，我们也要称赞鼓励，那样可以激励他人不断继续前进。

很多年前，有一个在那波立斯一个工厂中做工的10岁的孩子，他非常希望自己以后能成为一个歌唱家，但他的第一位教师打击了他。“你没有唱歌的天赋，”他说，“你没有唱歌的嗓子，你的声音听起来像百叶窗中的风声。”

但他的母亲，一个贫苦可怜的农家妇女，她紧紧地抱着他，并告诉他说她知道他能唱，她已经看出他的进步。她整天光着脚，为的就是把钱省下来付他学音乐的费用。那位农家母亲的称赞与鼓励改变了那孩子的一生，他最终成了一名著名的歌剧歌手。也许你已经听说过他，他的名字叫恩利科·卡鲁沙。

在19世纪早期，伦敦一位青年，希望自己以后能成为一个作家，但一切都好像是在同他作对一样。他上学的时间没超过4年，他的父亲因还不起债而被捕入狱，这位青年常常饱受饥饿。后来，他找到一份工作，是在一间老鼠横行的货房中往黑油瓶上粘贴签条。夜里，他就跟两个孩子睡在一间极其简陋的阁楼里，这两个孩子是来自伦敦贫民窟的肮脏的顽童。他对自己的写作能力没有任何信心。因此，他总是在深夜里偷偷地

出去，把他写的稿子邮出去，以免别人笑话他总是遭到别人拒绝。终于有一天，他的一篇稿子被接受了。事实上，他没有得到一先令的稿费，但编者称赞了他，给他的稿子以肯定，他高兴得泪流满面，一个人在大街上游荡。

从一篇故事被刊载得到称赞及承认，改变了他的终身事业，因为如果不是那个鼓励，他可能会一辈子都在老鼠横行的工厂里工作。或许，你也听说过这个孩子的名字，他的名字是狄更斯。

林格尔斯波夫先生决定用在训练课上学到的原则来解决这一问题，他做报告说："我们决定用赞许的办法，而不是像以前那样针对他们的失误唠唠叨叨。当我们所看到的全是他们的负面因素时，做到这一点是很不容易的。真是很难找到什么事是值得我们赞许的。我们竭力寻找一些闪光点，头一两天，让人不安的事情没再发生。接下来，其他错误也找不出来了。他们开始看重我们给他们的赞许，他们甚至改变自己的方式而把事情做对做好。我们双方对此都不敢相信。当然，这种情况并没有持续很久，但确实比以前好多了，我们也没有必要像过去那样提出反馈意见。孩子们做的正确的

事远远多于他们做错的事。”所有这一切都是由于对孩子们小小的进步大加赞许，而不是责备他们的过失。

在工作方面，这一方法也同样灵验。加利福尼亚的基思·罗帕将在解决公司中的一件事情时，就运用了这一原则。他的印刷厂重视质量，他们拉来一些资料。负责这笔业务的印刷工是一位刚来不久的新员工，还没有适应这份工作。他的上司对他的消极态度深感不安，并在考虑是否应该中止他的服务。

罗帕先生得知这一情形之后，他亲自来到车间，与这位年轻人做了一次谈话。他告诉这位员工，他对他的工作十分满意，并且称赞他干了一段时间以来最令他满意的印刷活儿。他告诉这位年轻人为什么这些业务要进行督查，以及这位年轻人对公司的贡献是多么重要。

你认为这样会使年轻的印刷工改变对公司的态度吗？几天以内，有了一个完全的转变，他跟其他的几位同事说了那次谈话的事情，并且说公司真的很欣赏他们努力工作。从那以后，他成了一位忠诚的员工。

讲到改变人，假如我们要激励我们所接触的人，挖掘他们身上的潜能，我们能做的实际上比改变的这个人能做的还要多。我们真能改变他们。

你觉得夸张吗？那就先来听听威廉·詹姆士教授的名言，他是美国最著名的心理学家、哲学家。他说：

与我们应该成就的相比较，我们不过是半醒着。我们现在只利用了我们身心资源的一小部分。从广义上说，人类的个体就这样的生活着，远在他可以承受的极限之内。他有各种力量，只是习惯于不去开发利用。

是的，正阅读这几句话的你也具有各种各样的力量，只是你习惯于不去利用。这些你不习惯利用的力量中，其中一种就是称赞别人，激励别人，认识他们潜藏的神秘的能力。

当一个人受到批评时，他的能力就会降低，而当他受到鼓励时，他就会精神焕发。要“诚于嘉许、宽于称道”。

07　给狗一个好名字

简单地说，如果你想在某方面改造一个人，那就做得好像他早就已经具备这样的性格特征一样。莎士比亚说："假定一种美德，如果你没有。"最好是假定，并公开地说，对方有你想让他发展的美德。给他一个好名誉让他去实现，他就会尽量努力，而不愿让你失望。

乔吉特·雷布兰克在她所写的《我同马克林的生活》一书中，曾叙述一个曾经卑贱的比利时女仆所发生的惊人变化。

“一个我附近的饭店的女仆来给我送饭，”她写道，“因为她最开始的职业是一个厨房助手，所以人们经常称她为‘洗碗的玛莉’。她好像是一个鬼怪，斜眼、弯腿，肉体及精神都让人觉得可怜的人。

一天，她来给我送面，两只手红红的，我非常直爽地对她说，‘玛莉，你不知道你身体里有什么宝藏。’

习惯约束自己情绪的玛莉没有任何反应，几分钟过去了，她还是不敢冒险表示一点点的姿势，生怕惹祸。后来她将盘子放在桌上，叹了口气，很巧妙地说，‘夫人，我不会相信的。’她没有怀疑，她没有发问，她只是回到厨房，反复地重复我说过的话。从此，她变得自信满满，没有人再同她开玩笑了。从那天起，甚至也有人会给她相当的体恤，但最奇怪的变化发生在卑微的玛莉本身。她相信她身上有一种看不见的奇宝，她开始非常小心地留意她的面部及身体，她干枯的青春好像又重新开起花来，并将她

的平凡之处遮掩起来。

两个月以后，在我要离开的时候，她告诉我她要同厨师的侄子结婚了。'我将要做太太了。'她说着并向我致谢。短短的一句话改变了她整个的人生。”

当吕士纳要影响在法国的美国士兵的行为时，她也采用了同样的办法。哈伯德将军——一位最受人欢迎的美国将军，曾经告诉吕士纳说，按他的意见，在法国的200万美国兵，是他曾接触过的最清洁、最合乎理想的人。

过分的称赞吗？或许是的，但且看吕士纳如何应用它。

“我从未忘记告诉兵士们那将军所说的话，”吕士纳写道，“我一刻也不怀疑它的真实性，但我，即使不真实，知晓哈伯德将军的意见将激励他们努力达到那个标准。”

有一句古语说：“给狗一个恶名，不如把它吊死。”但给它一个好名——看有何结果！

差不多每一个人——富人、穷人、乞丐、盗贼——都会保全所赐予他的这诚实的名誉。

“如果你必须应付盗贼，”猩猩狱长劳斯说，“只有一个可能的方法可以服他——待他好像他是一个很体面的君子。假定他是规规矩矩的，这样他会有所反应,并把有人信任他引以为豪。”

所以,如果你要说服他人,应记住给人一个美名让他去保全。

有一句古语说,“给狗一个恶名,不如把它吊死。”但给它一个好名——看看会发生什么。给人一个好名誉,他就会向好的方向努力。

08 鼓励更易使人改正错误

我有一位朋友,他还没有结婚, 40 岁左右,他订了婚,他的未婚妻最近劝他去学跳舞课,虽然他去学已经有点晚了,但是,他还是要去学。“上帝知道,我真需要学习跳舞,”他告诉我当时的情况时坦白地说,“因为我跳起舞来还像 20 年前我开始学的时候一样。我的第一位教师,她告诉我的应该是真话,她说,我跳的完全不对,我必须将以前的全都忘掉,重新开始,她的话使我饱受打击。我没有动力再继续学下去,所以,我辞了她。

第二位舞蹈老师可能是在说谎,但我还是比较喜欢她。她态度冷淡地对我说,我的舞姿虽然看起来发硬,但我的基础还不错,并且她使我相信要不了多久,我就可以再学几种新步法。第一位教师因为着重强调我的错误而使我灰心,这位教师正好相反,她不断地称赞我做得对的事,很少指出我的错误。‘你很有跳舞的天分,’她非常肯定地对我说。‘你天生就是一位舞蹈家。’现在,我的常识告诉我,我以前和将来最多也只能是一个四等的跳舞者,但在我内心的深处,我仍愿意相信她说的话是真的。确实的,我是付了钱才使她说那样的话的,但为什么一定要说穿那个呢?

不管怎么样，我知道，她说的那些我很有跳舞的天分，我能跳得更好之类的话鼓励了我，给了我希望，使我有了想要进步的决心。”

告诉你的孩子，你的丈夫，或你的员工，他们在某件事上是愚笨的，他对那事完全没有天赋，他做的一切都是错了，你差不多就已经摧毁了他们要进步的各种动力。但如果用相反的方法——慷慨地鼓励他们，让他们觉得事情好像很容易去做，使对方知道你相信他有能力做好，他对这事还有尚未发展的才能——他就会为了胜利终夜地练习不止。

那是洛威尔·汤姆士所用的方法。他是人际关系学上一位伟大的艺术家。他会给你信任，给你勇敢和灵感。

用鼓励的方法，错误就更容易改正了。

09 使人乐于去做你想要做的事

回溯到1915年,正值第一次世界大战时期。这一年,整个美国都惶恐不安,欧洲各国彼此杀戮,这是人类历史上从未见过的大规模的野蛮战争。还会有和平吗?当时没有人知道,但是,伍德罗·威尔逊决意尝试一下,他要派遣一个代表作为和平专使赴欧洲与各交战国切商。

主张和平的国务总理威廉·勃拉恩,特别希望这次能作为和平专使赴欧洲。他知道这是一个建立功勋、名垂青史的好机会。但威尔逊却委派了另一个人——他的至友爱德华·郝斯上校。威尔逊还给郝斯另外分配了一个棘手的任务,就是由郝斯亲自把这个不受欢迎的消息告诉给勃拉恩,而且还不能触怒勃拉恩。

郝斯上校在日记中写道:"当他听说是我作为和平专使去欧洲的时候,他失望极了,他说他本打算自己去做这件事。我回答说,总统认为任何人正式的去做这件事都不合适,而且如果派他去,肯定会引起许多人的注意,人们都会觉得奇怪,为什么是他到那里去……"

你看出这其中暗示什么了吗?郝斯简直就是在告诉勃拉恩,他是太重要了,去欧洲这样的工作根本不用他去——结果怎么样呢?勃拉恩满意了。

我认识一个人,他经常要推掉很多演讲的邀请,来自朋友的邀请,也有来自盛情难却的人们的邀请。虽然如此,但他做得很巧妙,至少让被拒绝的人很满意他的推辞。他是怎样做的呢?他不是说他太忙,太这样或是太那样。没有,在表示了对被邀的感谢与不能接受邀请的抱歉以后,他会为邀请的人建议找另一位演讲员做演讲。换句话说,他不给对方因为

被拒绝而感到不愉快的时间，而是让这位被拒绝的人立刻想办法邀请到另一位演讲员为他们做演讲。

幼稚吗？可能是吧。但当拿破仑创立荣誉军队，为他的士兵发 1500 枚十字徽章，并为他的 18 位将军授予“法国大将”，称他的部队为“大军”的时候，人们也说他幼稚，说拿破仑把这些战场上的老手当“玩物”，而拿破仑回答说：“人们是受玩物统治的。”

这种授予人名衔和权威的方法对拿破仑有用，对你也会有用。例如，我的一位在纽约的朋友，斯卡斯代尔的琴德夫人，她因为孩子们经常到她的草地上乱跑而烦恼不堪。她尝试过批评他们，她也设法诱惑他们，但都毫无效果。后来，她给那群孩子中最坏的一个孩子一个头衔，让他有了一种权威的感觉，她让那个孩子做她的“侦探”，帮她管理，不准有人擅入她的草地，问题就这样解决了。她的“侦探”在后院点了一把火，把一根铁棒烧得通红来吓唬那些随意践踏草地的孩子。

当你运用好这一方法时，人们就更愿意做你要他们做的事。

不给对方因为被拒绝而感到不愉快的时间，而是让这位被拒绝的人立刻想办法去完成他的工作。但是要记住，使对方乐于做你所建议的事。

第五章

如何让你的家庭幸福快乐

在地狱中，魔鬼为了破坏爱情而发明的一定会成功而恶毒的办法中，唠叨就是最厉害的了。它永远不会失败，就像眼镜蛇咬人一样，总是具有破坏性，总是会置人于死命。用宽容、爱和欣赏代替唠叨，才会让你的家庭更幸福。

01 婚姻为什么会出问题

当你的婚姻出现裂痕时，你是意气用事、大吵一顿，还是心平气和地，问问你自己“为什么婚姻会出问题?”

美国杂志在 1933 年 6 月份刊出艾麦特·克鲁西一篇叫做“婚姻为什

么出问题”的文章。下面那些问题，就是从这篇文章中转载过来的。当你答复这些问题的时候，你或许会发现这些问题很值得一答。如果每个问题你的答复是“是”的话，一题就可得 10 分。

问丈夫的问题:

1. 你是否还是在“追求”你的太太? 如偶尔送她一束花，记住她的生日和结婚纪念日，或出乎她意料的殷勤，非她所预期的体贴。

2. 你是否注意永远不在他人面前批评她?

3. 除了家庭开支以外，你是否还给她一些钱，让她随意使用?

4. 你是否花精神去了解她各种女性方面的情绪问题，并帮助她度过疲倦、紧张和不安的时期?

5. 你是否至少空出你一半的娱乐时间，跟你太太共度？

6. 除了可以显示她的长处，你是否机智地避免把你太太的烹调手艺和理家本领跟你母亲或某某人的太太相比较？

7. 对于她的知识生活，她的俱乐部和社团，她所看的书，和她对地方行政的看法，你是否也有一定的兴趣？

8. 你是否能够让她和其他男人跳舞，和接受他们的友谊照顾，而不会说些吃醋的话？

9. 你是否经常注意找机会夸奖她，和你对她的赞赏？

10. 关于她为你做的小事情，如缝纽扣，补袜子，把衣服送去洗，你是否会谢谢她？

问太太的问题：

1. 你是否让丈夫有处理公事上的完全自由，并避免批评他交往的人、他所选的秘书，或他所保留的自由时间？

2. 你是否尽力使家庭有品味和有吸引力？

3. 你是否常常改变口味，使他坐到桌上的时候还弄不清楚会吃什么？

4. 对于你丈夫的事业，你是否有适当的了解，以便跟他做有助益的讨论？

5. 在金钱拮据的时候，你是否能勇敢地、愉快地面对这种情形，并不批评你丈夫的错处，或把他跟成功的人做不利于他的比较？

6. 对于他的母亲或其他亲戚，你是否尽特别的努力，和他们融洽相处？

7. 你选择衣着时，是否注意到他对颜色和样式上面的偏好？

8. 为了家庭和睦，你是否牺牲一点自己的意见？

9. 你是否尽力学学丈夫所喜爱的玩意，以便和他共享休闲的时间？

10. 你是否阅读当今的新闻、新书和新技术，以便在智慧兴趣方面，配合你的丈夫？

当婚姻出现裂痕时，一定要让自己冷静下来，问问自己，是不是自己也有过错。

02 喋喋不休会毁了你的婚姻

19 世纪中期，法国皇帝拿破仑三世，就是拿破仑·波拿巴的侄儿，他和世界上最美丽的女人伊金尼·迪芭女伯爵坠入情网。很快，他们就结婚了。他的那些大臣们纷纷劝告说，迪芭只是西班牙一个并非显赫的伯爵女儿。可是拿破仑却反驳说："这又有什么关系呢？"

是的，她的优雅、她的青春、她的诱惑、她的美丽，使拿破仑感到了神仙般的幸福。

拿破仑和他的妻子具有健康、权力、声望、美貌、爱情，一切美满婚姻所完全具备的条件，那简直就是最完美的婚姻，它的光彩让人炫目。

可是，没有多久，这炫目的光彩就暗淡下来，后来只剩下灰色。拿破仑可以用他的爱和皇权使迪芭小姐成为法兰西的皇后。可是他爱情的力量、国王的权威，却无法阻止这个女人的疑心、嫉妒和喋喋不休。

迪芭在嫉妒疑心的驱使下，无视他的命令，甚至不许拿破仑有任何私人秘密。她经常会在他处理国事时贸然闯入他的办公室，在他讨论最重要的事务时，不停地干扰，甚至决不允许他单独一个人，总怕拿破仑会跟其他的女人相好。

她常对姐姐抱怨她的丈夫，诉苦、哭泣、喋喋不休！她会闯进他的书房，暴跳如雷、恶言谩骂。拿破仑三世拥有许多富丽的宫殿，身为一国的元首，却找不到一间小屋子能使他宁静安居下来。

伊金尼·迪芭小姐的那些吵闹,又得到了什么呢?

答案如下:我引用莱哈特的巨著《拿破仑三世与伊金尼:一个帝国的悲喜剧》:“于是,拿破仑三世常常在夜间,从一处小侧门溜出去,头上的软帽盖着眼睛,在他的一位亲信陪同之下,真的去找一位等待着他的美丽女人,再不然就出去看看巴黎这个古城,到神仙故事中的皇帝所不常看到的街道溜达溜达,呼吸着本来应该拥有的自由空气。”

这就是伊金尼唠叨所得到的后果。不错,她是坐在法国皇后的宝座上,不错,她是世界上最美丽的女人。但在唠叨的毒害之下,她的尊贵和美丽,并不能保持住爱情。伊金尼可以提高她的声音,哭叫着说:“我所最怕的事情,终于降临在我的身上。”降临在她的身上?其实是她自找的,这位可怜的女人,一切都是因为她的嫉妒和唠叨。

在地狱中,魔鬼为了破坏爱情而发明的一定会成功而恶毒的办法中,唠叨就是最厉害的了。它永远不会失败,就像眼镜蛇咬人一样,总是具有破坏性,总是会置人于死命。

俄国大文豪托尔斯泰的夫人也明白这一点,可是已经太晚了。当她临死前,向她的女儿忏悔说:“是我害死了你们的父亲。”她的女儿们没有回答,几个人抱头大哭。她们知道母亲说得不错。她们知道她是以不断的埋怨、永远没完没了的批评和永远没完没了的唠叨,把他害死的。

可是从各方面来说，托尔斯泰和他的夫人处在优越的环境里，应当十分快乐才对。托尔斯泰是历史上最伟大的文学巨匠之一，他的两部名著《战争与和平》和《安娜·卡列尼娜》，都是人类文学史上不朽的作品。

托尔斯泰真是太出名了，他在世时备受人们的爱戴，崇拜他的人终日追随在他身边，将他所说的每一句话，都像宝贝一样记下来。甚至连“我想我该去睡了！”这样一句平淡无奇的话，也都记录下来。现在俄国政府，把他所有写过的字句都印成书籍，这样合起来有 100 卷之多。

除了美好的声誉外，托尔斯泰和他的夫人有财产、有地位、有孩子。普天下几乎没有像他们那样美满的姻缘。他们的结合似乎是太美满，太甜蜜了。所以开始时，他们也确实幸福。他们相信他们一定会白头偕老。因此，两个人跪在一起，祈祷全能的上帝，永远不断地把这种幸福赐给他们。

后来，发生了一件惊人的事，托尔斯泰渐渐地改变了。他变成了完全不同的一个人，他对自己过去的作品感到羞愧。就从那时候开始，他把剩余的生命，贡献于写宣传和平、消灭战争和解除贫困的小册子。

这位曾经承认在他年轻的时候，犯过每一件可以想象得出的罪恶——甚至包括谋杀——的人，试着要完全遵循耶稣所说的话。他把自己的产业都送给别人，过着穷苦的生活。自己在田地上工作，砍柴叉草。自己做鞋，扫地，用木碗吃饭，以及试着去爱他的敌人。

托尔斯泰的一生是一场悲剧，而之所以成为悲剧，原因在于他的婚姻。他的夫人喜爱华丽，但他却看不起。她热爱名声和社会的赞誉，但这些虚浮的事情，对他却毫无意义。她渴望金钱财富，但他认为财富和私人财产是罪恶的事。多年以来，由于他坚持把著作的版权一毛钱也不要地送给别人，她就一直地唠叨着，责骂着和哭闹着。

她希望有金钱和财产，而他却认为财富和私产是一种罪恶。

这样经过了好多年，她吵闹、谩骂、哭叫，因为他坚持放弃他所有作品的收益，不收任何的稿费、版税，可是，她却希望得到这些财富。当他反对她时，她就会像疯子似的哭闹，倒在地板上打滚，她手里拿了一瓶鸦片烟膏，要吞下去。

在某天晚上，这个青春已去、容颜已老、心受折磨的妻子，还在渴望着爱情的温暖，她跪在丈夫膝前，央求他朗诵50年前他为她所写的最美丽的爱情诗章。当他读了那早已永远逝去的美丽的快乐时光后，两个人都哭了。现实的生活，跟他们早先拥有的罗曼蒂克之梦多么的不同！而且多么明显地不同！

最后，在托尔斯泰82岁的时候，他再也忍受不住家庭折磨的痛苦，就在1910年10月的一个大雪纷飞的夜晚，他摆脱了妻子而逃出家门。

11天后，托尔斯泰因患肺炎，倒在一个车站里。他临死前的请求是：不允许他的妻子来看他。

这就是托尔斯泰夫人抱怨、吵闹和歇斯底里所造成的悲剧。

或许你会觉得，她是有许多事情要唠叨的，而且是应该的。可是，你想一想，你喋喋不休的唠叨，最后怎么样了呢？唠叨得到些什么好处呢？唠叨是不是把一件不好的事弄得更糟呢？

“我真的认为我是神经病。”这就是托尔斯泰伯爵夫人对这段经过的看法，但是，已经太晚了。

林肯一生的大悲剧，是他的婚姻，而不是他在迎来胜利之时而被刺杀。请注意，是他的婚姻成为他一生的悲剧。那个疯狂的演员布斯开枪击中林肯以后，林肯就不省人事，永远不知道他被杀了。但是几乎 23 年来的每一天，他所得到的是什么呢？根据他律师事务所合伙人荷恩登所描述的，是“婚姻不幸的苦果”。“婚姻不幸”？说的还是婉转的呢。几乎有四分之一世纪，林肯夫人唠叨着他，骚扰着他，使他不得安静。

她老是抱怨这，抱怨那，老是批评她的丈夫。他的一切，在她看来从来就没有对的。她数落他，说他老是伛偻着肩膀，走路的样子也很怪。他提起脚步，直上直下的，像一个印第安人。她抱怨他走路没有弹性，姿态不够优雅，她模仿他走路的样子以取笑他，并唠叨着他，要他走路时脚尖先着地，就像她从勒星顿孟德尔夫人寄宿学校所学来的那样。

林肯的两只大耳朵，成直角地长在他头上的样子，她也不喜欢。她甚至还告诉他，说他鼻子不直，嘴唇太突出，看起来像痨病鬼，手和脚太大，而头又太小。

亚伯拉罕·林肯和玛利·陶德在各方面都是相反的，教育、背景、脾气、爱好，以及想法，都是相反的。他们经常使对方不快。

“林肯夫人高而尖锐的声音，”这一代最杰出的林肯权威，故参议员亚尔伯特·贝维瑞治写着，“在对街都可以听到，她盛怒时不停的责骂声，远传到附近的邻居家。她发泄怒气的方式，常常还不仅是言语而已。她暴乱的行为真是太多了，真是说也说不完。”

举一个例子来说，林肯夫妇刚结婚之后，跟杰可比·欧莉夫人住在一起——欧莉夫人是一位医生的遗孀，环境使她不得不分租房子和提供膳食。

一天早晨，林肯夫妇正在吃早饭，不知道林肯做了什么，引起了他太太的暴躁脾气。究竟是什么事，现在已经没有人记得了。但是林肯夫人在盛怒之下，把一杯热咖啡泼在她丈夫的脸上。当时还有许多其他房客在场。

当欧莉夫人进来，用湿毛巾替他擦脸和衣服的时候，林肯羞愧地静静

坐在那里，不发一言。

林肯夫人的嫉妒是如此的愚蠢、凶暴，和令人不能相信，只要读到她在大众场合所弄出来的可悲而又有失风度的场面——而且在七十五年以后——都让人惊讶不已。她最后终于发疯了。对她最客气的说法，也许是说，她之所以脾气暴躁，或许是受了她初期精神病的影响。

这样的唠叨、咒骂、发脾气，是否就改变了林肯呢？在某方面说，的确使林肯有所改变。确实改变了他对她的态度，确实使他深悔他不幸的婚姻，以及使他尽量避免和她在一起。

当时春田镇的律师一共有 11 位，要赚取生活费并不容易，因此，当法官大卫・戴维斯到各个地方开庭的时候，他们就骑着马跟着他，从一个郡到另一个郡。这样，他们才能在第八司法区所属各郡郡政府所在的各镇，找到一些业务。

每个星期六，其他的律师都想办法回到春田镇和家人共度周末。可是林肯并不回春田镇——他害怕回家。春天三个月，然后秋天再三个月，他都随着巡回法庭留在外面，而不愿走近春田镇。

他每年都是这样。乡下旅馆的情况常常很恶劣，但尽管恶劣，他也宁愿留在旅馆，而不要回到自己家里去听他太太的唠叨和受她暴躁脾气的气。

这些就是林肯夫人、伊金尼皇后和托尔斯泰伯爵夫人唠叨所得到的后果。她们给生活带来的什么也没有,只有悲剧。她们毁坏了一切她们所最珍贵的东西。

贝丝·韩博格在纽约市家务关系法庭任职11年,曾经审判了好几千件遗弃的案子,她说男人离开家庭主要原因之一是因为太太过于唠叨。或者如泰晤士邮报所说的:“许多太太们不停地在慢慢挖,自掘婚姻的坟墓。”

如果你要维持家庭生活的幸福快乐,一定要记住:“绝对绝对不可以唠叨。”

03 爱和容忍对方

“在生活中,我会做出许多傻事,”英国政治家及小说家迪斯雷利这样说道。他在1868年及1874到1880年任首相,人们曾把他的一生拍摄成电影,其中一部为《良相佐国》,他是一位成功的政治家。他曾说:“但我从来不想为爱情而结婚。”

他的确是这样做的。他35岁以前一直过着单身的生活,直到那一年他遇到了一位有钱的、头发花白的、且比他大15岁的寡妇,50岁的年纪,头发全白了。他向她求婚了。她也知道他找她是为了她的钱,所以她告诉他,她要观察他一年再说。一年后,他们真的结婚了。这故事听起来让人觉得太功利,太不浪漫了。但奇怪的是,迪斯雷利的婚姻,竟变成在充满破碎和污点的婚姻史中最成功的例子之一。

他们的婚姻非常成功。他这位富婆妻子既不年轻，也不美貌，更不聪明。她说话时常常发生文字和历史的错误。她对服装的兴趣古怪，对房间装饰的兴趣奇异，但重要的一点她却做得非常好，那就是她懂得怎样驾驭男人。她从不和丈夫对抗，当迪斯雷利在外面和别的夫人们唇枪舌剑地谈得筋疲力尽回家以后，玛莉安能让他在轻松愉快的闲谈中放松下来，渐渐地他变得越来越恋家了。因为在家里有玛莉安的宠爱和温暖。家成为他获得心神安宁、并沐浴于玛莉安的敬爱和温暖的地方。她是他的伴侣、亲信和顾问，她是他最信任的人，是可以放心地征求意见的人。因此，他每天晚上结束了下议院的工作后，都会急急忙忙地赶回家，告诉她每日的新闻，而最重要的是玛莉安总是充满信心地鼓励他。

30 多年间，玛莉安把全部的身心都放在了迪斯雷利身上，她尊重自己的财产，因为那会使迪斯雷利生活得更加安逸。她心甘情愿，认为这一切都是值得的。同时她也得到了，他把她看做是自己的主宰，他请求维多利亚女王封玛莉安为贵族。所以在 1868 年，她被封为女伯爵。

尽管玛莉安有时在公共场合表现得不好，但他从不批评她。当有人嘲笑她时，他就会立刻起来猛烈、忠诚地护卫她。玛莉安不是完美的，但30年来，她从未厌倦谈论自己的丈夫，并30年如一日地鼓励和呵护他，这让迪斯雷利感到玛莉安是他一生最重要的人。

玛莉安并非十全十美，可迪斯雷利总是非常聪明地不去惹她生气。所以，他们的婚姻才会如此幸福长久。

凡斯特·乌德在《在家庭中一起成长》一书里也说："要想有一个美满的婚姻，除了对方要合适外，自己也要让对方觉得合适。"

改造是一种带破坏性的作业。爱情是一件易碎品，就像一只瓷瓶，瓷瓶上有一块疙瘩，你看着不舒服想把它打磨平整，用心无疑是好的，但有时看到的却是这样一种结局：疙瘩没有打平，瓷瓶先碎了。

如果你要家庭生活幸福快乐，一定要记住："不要想按着你的意思，来改变你的伴侣。"

大师金言

和别人相处要学的第一件事，就是对于他们寻求快乐的特别方式不要加以干涉，如果这些方式并没有强烈地妨碍到我们的话。

04　批评会导致家庭不和

正如唠叨是影响婚姻和家庭幸福的礁石一样，批评也是婚姻幸福的敌人，是造成大多数婚姻不幸的罪魁祸首之一。

迪斯雷利在公职生活中最难缠的对手，就是那伟大的格莱斯顿。他也是一位伟大的政治家，1868到1894年间，他曾四度担任英国首相。他们真是奇怪，他们对于在帝国之下每一件可以争辩的事物都相互冲突，但他们却有一个相同的地方：他们的生活都充满幸福和快乐。

格莱斯顿夫妇在一起生活了59年，他们一直彼此相爱。这位英国最威严的首相格莱斯顿时常轻握着他夫人的玉手和她在火炉边的地毯上跳着舞，唱着这首歌：

夫衣褴褛，妻衣亦俗，

人生浮沉，甘苦与共。

在公众面前，格莱斯顿是可畏的，他锋芒毕露。一回到家里，他从不批评指责任何人。当他早晨来到楼下客厅里用早餐时，发现家人还未起床，他就大声地唱歌，家人听到这嘹亮的歌声，就知道这个大忙人要吃早饭了。他保持着外交家的风度，体谅人的心意，并强烈地控制自己，不对家事有所批评。

俄罗斯也有一位在处理家务问题上与格莱斯顿相类似的人，她就是女皇叶卡捷琳娜二世。她当时统治着一个世界上最大的帝国，有着至高无上的权力。在政治上而言，她是一个残酷的暴君，发动一场又一场的战

争，判许多的敌人死刑。但是如果她的厨子把肉烧焦了，她却什么话也不说，反而笑着吃掉。这种容忍的工夫，一般做丈夫的，都应该好好学习。

关于婚姻不幸福的原因，权威人士桃乐丝．狄克斯宣称说，50%以上

的婚姻是不幸福的,许多罗曼蒂克梦想之所以破灭在雷诺(美国离婚城)的岩石上,原因之一是毫无用处却令人心碎的批评。

因此,如果你要维持家庭生活的幸福快乐,一定要记住:“不要批评。”

夫妻之间不要随意地批评,那么对待孩子呢? 在家庭中,孩子占据了主要的地位。如果孩子犯了错误,是否也不要批评呢? 曾经有一家报纸刊登了一篇名为《爸爸忘记了》的文章,这篇文章写得真诚感人,被多次转载,后来广播电视也多次播出。更让人惊奇的是,连大学和中学的刊物也纷纷转载,一直到现在,数以千万计的人都读过,为之感动。这究竟是一篇怎样的文章呢? 为什么它会有如此巨大的魔力? 下面是该文的部分摘要。

爸爸忘记了

W·利文斯顿·拉米德

听着,儿子,我有一些话想要对你说。此时你正熟睡,一只小手窝在脸蛋下面,金色的头发卷曲地贴在你潮湿的额头上。

我悄悄走进你的房间。几分钟前我还坐在房里阅读文件,突然,一阵悔恨汹涌而来,终于,带着满腔内疚,我来到你的身边。

儿子,我想起了一些事情,我常对你发脾气:当你穿戴好衣帽准备上学的时候,我责怪你只用毛巾胡乱擦了把脸;然后我责骂你不擦鞋;看到你乱扔东西,我大发脾气。

吃早餐的时候也一样,我经常责骂你打翻食物、吃饭不细嚼慢咽、把胳膊放在桌上、面包上奶油涂得太厚,等等。等到你离开餐桌去玩儿,我也准备出门,你转过身,挥着小手喊:“再见,爸爸!”我却皱着眉头回答:“肩膀挺正!”

到了傍晚,情况还是相同。我走在路上,偷偷看着你,看见你跪在地上玩儿玻璃弹珠,脚上的长袜都磨破了。我不顾你的面子,当着别的孩子的面叫你回家。并对你大声喊道,长袜子是很贵的,你要穿就必须爱惜一点!

想象一下，儿子，这话居然出自一位父亲之口！

你还记得吗？就在刚才，我在书房里看报纸，你怯生生地走过来，眼里带着胆怯的神色，站在门口犹豫不前。我从报端上望过去，不耐烦地叫道："你想做什么？"

你什么也不说，只是迅速跑过来，双手拥抱并亲吻我。你小手臂的力量显示出一份爱，那是上帝种在你心田里的，任何漠视都不能使它凋萎。你吻过我就走了，"吧嗒""吧嗒"地跑上楼。

是的，儿子，就在那时候，文件从我手中滑落，令人可怕的悲伤袭击了我。坏习惯让我做了些什么？习惯性地挑剔错误和责备，这就是我对你——一个小男孩的奖赏。

儿子，我并不是不爱你，只是我对年幼的你抱有太多的期望，一直以来我都在用自己年龄的标准来衡量你。

你的性格里有那么多真实而美好的东西，小小的心胸像弥漫在群山间的黎明一般开阔，因为你是如此自然地冲进来吻我并道晚安。

今晚的一切都不再重要，儿子，我来到你身边，我在黑暗中跪在你床边，深感惭愧！

这是一种薄弱的赎罪。我知道你未必会理解我所说的这一切。

但是，从明天起，我会认真地做一个真正的父亲！我要和你成为好朋友，你痛苦的时候同你一起痛苦，欢乐的时候同你一起欢乐。

我会每天告诉自己："他只不过是一个小男孩——一个小男孩！"

我总是把你当成大人，孩子，像我现在看到的你，疲倦地缩在床上，完全还是婴孩的模样。记得昨天你还躺在妈妈怀里，头靠在妈妈肩上。

我要求的实在太多，太多了。

夫妻相处之道在于坦诚与体谅，世界上没有完美的配偶，但你一定要懂得经营，聪明的人懂得怎样使不可能完美的婚姻变得尽可能的完美。怎样才能做到这一点呢？请牢记以下名言：多些信任和接纳，给予空间，并以行动表示谅解；多包容，多忍耐，多欣赏，少批评，少抱怨。

互相信任和包容，才是幸福婚姻的良方。

大师金言

许多罗曼蒂克的梦想破灭了！50%以上的婚姻不幸福。原因之一是：毫无用处、却令人心碎的批评。

05　真诚地欣赏对方

"大部分的男人，在寻找太太的时候，"洛杉矶家庭关系学社社长保罗·波皮诺说，"不是去找一位能干的办事的人，而是要找一位诱人而又愿意满足他的虚荣心，并能够使他们觉得超人一等的人。因此，一个公司或机构的女主管，可能会有人来请她吃饭，但只是一次而已。她很可能会把她所记得的，在大学念《现代哲学主流》的时候所听的一点东西搬出来,并甚至还坚持要付自己的账。结果呢,以后她就得学着一个人吃饭了。没有上过大学的打字小姐却不相同,当被人请去吃饭的时候,她会以热情的目光注视着她的护花使者,说话带着无限的深情。‘现在请你告诉我一些有关你自己的事。’结果,他对他人说,‘她并不十分美丽,但我从来没有遇到过比她更会说话的人。’”

对于女人在打扮美丽和穿着入时方面所花去的心思,男人应该表示出他的激赏。所有的男人,都知道女人非常注意衣着,但也常常会忘记这件事。例如,有一个男人和一个女人,在街上遇到了另一个男人和女人,这位女人很少会看另一个男人,她把注意力都集中到另一位女人的衣着上了。

几年以前,我的祖母在98岁的高龄去世了。就在她死前不久,我们给她看一张她自己在三分之一世纪以前所照的照片。她的眼睛已经不太好,看不清楚照片,但她只问了一个问题:“我穿的是什么样的衣服?”你看!一位风烛残年的老妇人久病在床,近一世纪的时光已耗尽她一切精力,她记忆力衰退得那么快,甚至连自己的女儿也认不出来,仍然还想知道在三分之一世纪之前她穿的是什么衣服。她问这个问题的时候,我就在她病榻的旁边。这件事情,留给我深刻的印象。

男人们很少会记得他们5年以前穿的是什么西装或衬衣,而且根本就没有记住这些事情的念头。但是女人就不同了,我们男人真应该认清这点,法国上层阶级的男人,在这方面很有教养,不但对女人穿戴的衣帽表示赞美,并且在一个晚上不止赞美一次,而是好几次。五千万个法国男人都这么做,一定有他们的道理。

曾经有一篇故事,可能这样的事从来就没有发生过,但它却说明了一个道理:

一位生活在农村的女人,有一次辛苦了一天以后,在她的男人们面前放了一大堆牧草。当他们愤怒地问她是否发疯的时候,她回答说:“哼,我怎么晓得你们会注意到吃的是什么东西?我已经为你

们煮了20年的饭，一直就没有听到你们说过什么话，这样正好让我知道你们不是在吃牧草！”

过去，在莫斯科和圣彼得堡娇生惯养的上流社会，表现出来的态度更好。在沙皇时代的俄国，上流社会中有一个习惯，当他们享受了一顿美好的晚餐以后，他们一定要把厨师请出来，当面感谢并赞美。

你为什么不对你太太这样做呢？下次，当鸡排炸得嫩脆可口，就对她如此说。让她知道你非常欣赏她的手艺，而不是在吃牧草，或者如德克萨斯·吉南所常说的，“大大地为那个小女人喝彩一番”。

假如你是那样的话，就让她知道，她对于你的幸福快乐占着重要的地位。迪斯雷利是英国最伟大的政治家，但根据我们刚才所看到的，即使对全世界他也不讳言非常“感激那位小妇人”。

不久之前，在一本杂志上，我看到了一段访问艾迪·康塔的记录。

“我得自夫人的帮助，比得自世界上任何其他人还多，”艾迪·康塔说，“当我年轻的时候，她是我的益友，使我走上正途。我们结婚以后，她节省下每一块钱，并拿去投资再投资，为我建立起一大笔资产。我们有五个可爱的子女，她经常为我把家里弄得舒舒服服。如果我能够有所成就，一切应归功于她。”

在好莱坞,婚姻一度被认为是冒险,即使伦敦的鲁易保险公司也不敢保险,但是华纳·白斯特的婚姻却是少数几个特别幸福婚姻中的一个。白斯特太太结婚之前的名字是魏妮菲·布瑞荪,她放弃了如日中天的舞台事业而结婚了,但是她从来不以她的牺牲来破坏他们的幸福。“她失去了在舞台上受大众喝彩的机会,”华纳·白斯特说,“但我却尽一切的努力,要使她知道我对她的喝彩。如果女人要从她丈夫之处得到快乐,那一定是得自他的赞赏和忠实的热爱。如果赞赏和忠实的热爱出自他的真心,他就会得到幸福快乐。”

如果你要维持家庭生活的幸福快乐,最重要的原则之一是——“衷心地表示赞赏”。

大师金言

不论男人或女人,都希望获得赞美和热爱。如果能够真心地表示赞赏和热爱,就会得到幸福快乐。

06　注重生活中的小事

自古以来,花就被认为是爱的语言。它们不必花费你多少钱,在花季的时候尤其便宜,而且常常街角上就有人在贩卖。但是从一般丈夫买一束水仙花回家的情形之少来看,你或许会认为它们像兰花那样贵,像长在阿尔卑斯山高入云霄的峭壁上的薄云草那样难于买得到。可是,有没有一个做丈夫的,经常不忘记带一束鲜花回家给太太?你或许以为它们都是贵如兰花，再不就是你把它们看做了瑶池中的仙草，才不想付出那般的代价，带回去给太太？

不要等到太太生病住院时才给她买花。你可以经常买束花送给她，在她生日的时候，在情人节的日子，或者仅仅是因为在周末，看看会有什么效果。

乔治·柯汉是百老汇的大忙人，他每天都会给他的母亲打两次电话，直到她老人家去世的时候，这已经成为他的习惯。你以为每次柯汉打电话给母亲，是有什么重要新闻要告诉这位老人家？不是的。他只是在表达自己对母亲的关心，自然母亲也感到很幸福。女人对生日，或是什么纪念日，会很重视！那是什么原因？那该是女人心理上一个神秘的谜！

很多男人都把应该记住的日子忘得干干净净。可是有几个“日子”是千万不能忘记的，就像某年的那一天，是妻子的生日；某年的那一天，是他跟妻子结婚的日子。如果不能完全记起来，最重要的，别把妻子的生日忘记。

有若干的男士们，对夫妻间每天发生的琐碎事，都太低估了。这样长久下去，会忽略了这些事实的存在，就会有不幸的后果发生。

雷诺的几家法庭，每周六开庭办理结婚和离婚手续。来办理离婚的竟然占到来办理结婚的11%。这些夫妻离婚的原因，很少是因为什么不可调和的大矛盾，他们之所以过不下去了，大多是因为一些鸡毛蒜皮的小事。

如果你有这分兴致，可以天天坐在雷诺法院里，听那些怨偶们所提出的他们离婚的理由，你就会知道爱情是“毁于细微的小事”。

现在你把这几句话写下，贴在你帽子里或是镜子上，使你每天可以看到，这几句话是：

很多东西一疏忽就溜掉了，所以，要及时地做那些对人有帮助的事情，要及时地对人表达你的关心。及时地去做，不要等待，因为很多东西一疏忽就会溜掉。

如果你要担心的事总是未被注意的小事，如“不盖牙膏盖”等，经过一段时间，它们可能破坏你们两人的关系。因此，应该特别留神日常生活小节。当然，你需要留意有积极作用的小事，例如：你出其不意地吻他一下，或者说几句赞扬他的话。因为，成功的关系是建立于日常的关心和爱护的基础上。所以，要想保持家庭生活快乐，一定要记住注重那些看似小事的事情。

大师金言

有千万个家庭，就有千万种生活方式。虽然生活方式各不相同，但有一个准则在生活中要注意，这是生活安定平和的保证：不要忽视生活小节。

07　要殷勤有礼

瓦特·邓路之是美国最伟大的演说家之一，并且和曾经做过一次总

统候选人的詹姆斯·布雷恩的女儿结婚。自从多年以前他们在苏格兰的安祖·卡耐基家里相遇之后，邓路之夫妇就过着令人羡慕的快乐生活。

秘诀在哪里？

“选择伴侣要注意的第二点是，”邓路之夫人说，“我把殷勤有礼列在婚姻之后。但愿年轻的太太们，对于她们的丈夫就像对待陌生人一样有礼！如果泼辣，任何男人都会跑掉。”

对于陌生人，我们不会想到去打断他的话说：“老天，你又把你老太婆的裹脚布搬出来了！”没有得到允许，我们不会想去拆开朋友的信件，或者偷窥他们私人的秘密。只有对我们自己家里的人，也就是我们最亲密的人，我们才敢在他们有错误时污辱他们。

我们再引用桃乐丝·狄克斯的话:“非常令人惊奇地,但确实千真万确地,唯一对我们口吐难听的、污辱的、伤害感情话语的人,就是我们自己家里的人。”

“礼貌,”亨利·克雷·瑞生纳说,“是内在的品质,它看守破门,并招引门里院中花儿的注意。”

礼貌对于婚姻,就像机油对于马达一样的重要。

奥利佛·文德尔·荷姆斯写的,并受读者喜爱的《早餐的独裁者》这本书,可能任何家庭都有,但是在他自己的家里却没有。事实上他太顾虑别人了,即使心情不好,也尽量想办法不让他的家人知道。自己要承受这些不快,还要不使不快影响到其他人,真是够受的。

这是荷姆斯的做法。但是一般人怎样呢?办公室里出了差错,他失去了一笔买卖,或挨了老板一顿官腔,他累得头痛,或没有赶上交通车——他几乎还没有回到家,就想把气出在家人的头上。

一般人如果有快乐的婚姻,就远比独身的天才生活得更快乐。俄国伟大的小说家屠格涅夫受到整个文明世界的赞誉,但是他说:“如果在某个地方有某个女人对我过了吃晚饭的时间还没有回家,会觉得十分关心,我宁愿放弃我所有的天才和所有的著作。”

幸福快乐婚姻的机会,究竟有多少呢?如我们已经提到过的桃乐丝·狄克斯认为,半数以上的婚姻都是失败的,但保罗·波皮诺博士的看法相反。他说:“男人在婚姻上获得成功的机会,比他在任何行业上获得成功的机会都大。所有进入买卖食品杂货行业的男人,70% 会失败。所有步入结婚礼堂的男人和女人,70% 会成功。”

婚姻幸福的机会究竟如何?我们已经说过,狄克斯相信一半以上是失败的,但鲍本诺博士想法不同。他说:“一个男人在婚姻上成功的机会,比在其他任何事业上都多。所有进入杂货业的男人,70% 失败,进入婚姻的男女,70% 成功。”

狄克斯这样概括,“与婚姻相比,出生不过是一生的一幕,死亡不过是一件琐屑的意外……女人永远不能明白,为什么男人不用同样的努力,使他的家庭成为一个发达的机关,如同他使他的经营或职业成功一样……虽然有一个妻子,一个和平快乐的家庭,比赚100万元对一个男更有意义……女人永远不明白,为什么她的丈夫不用一点外交手段来对待她。为什么不多用一点温柔手段,而不是高压段,这是对他有益的。”

他还说:“大凡男人都知道,他可先让妻子快乐然后使她做任何事,并且不需任何报酬。他知道如果他给她几句简单的恭维,说她管家如何好,她如何帮他的忙,她就会要节省一分钱了。每个男人都知道,如果他告诉他的妻子,她穿着去年的衣服如何美丽、可爱,她就不会再买最时髦的巴黎进口货了。每个男人都知道,他可把妻子的眼睛吻得闭起来,直到她盲如蝙蝠;他只要在她唇上热烈的一吻,即可使像牡蛎一样闭上嘴。而且每个妻子都知道,她的丈夫都知道自己对他需要些什么,因为她已经完全给他表白过,她又永远不知道是要对他发怒,还是讨厌他,因为他情愿与她争吵,情愿浪费他的钱为她买新衣、汽车、珠宝,而不愿为一点小事去谄媚,按她所迫切要求的来对待她。”

所以,如果你要保持家庭生活快乐,就要“对你的妻子(丈夫)有礼貌”。

大师金言

不讲理是吞食爱情的癌细胞。虽然我们都知道这一点,但糟糕的是,我们对待自己的亲人,居然赶不上对待陌生人那样有礼。

08 不要做 “婚姻上的无知者”

婚姻的快乐幸福，很少是机会的产物。它们是建造起来的，而且是根据理智的和审慎的计划。

社会卫生局秘书长凯瑟琳・见门特・戴维斯博士，有一次说服了1000位已婚妇女，非常坦白地答复一系列有关隐私的问题。结果令人非常地吃惊——揭露一项一般美国成人性不快乐的惊人情形。

当她仔细看完那1000位已婚妇女交来的答案以后，戴维士博士立刻就把她的看法发布出来，她认为美国离婚的主要原因之一，是肉体方面的乱点鸳鸯谱。

乔治・韩米尔顿博士的调查，也证实了这项发现。韩米尔顿博士用4年的时间研究100位男人和100位女人的婚姻。他向那些男人和女人个别地请问有关他们婚姻生活方面的400个问题，并对他们的问题做广泛面彻底的讨论——其彻底的程度，使得这项调查花了4年的时间。在社会学方面，这项工作受人重视，因此就得到了一群慈善家的资助。有关这次调查的结果，看一看韩米尔顿和麦克遇万所著的《婚姻的问题是什么》一书就可以知道。

那么，婚姻的问题究竟是什么呢？“只有极为偏见和鲁莽的精神病医师，”汉密尔顿博士说，“才会说婚姻大部分的摩擦，不是根源于性的不调和。不论是什么情形，如果性关系本身很满足，即使因其他问题而产生摩擦，大部分也都会被忽视掉了。”

洛杉矶家庭关系学社社长保罗. 波皮诺博士曾看过几千个婚姻上的事件，他是美国家庭生活方面的权威人士之一。根据波皮诺博士的看法，

婚姻失败通常有四个原因。他把它们按次序列出如下：

(1)性的调和；

(2)意见不一致,如空闲的时候该到哪里去；

(3)钞票不够；

(4)精神上、身体上,或情绪上的不正常。

请注意,性的问题居第一位。非常出乎一般人的意料,钞票不过只占第三位。

所有离婚方面的权威都同意,在性的方面,夫妻一定要能相配。例如,辛辛那提的家庭关系法院哈夫曼法官——一位曾经听过几千件家庭悲剧的人——宣称:“十件离婚,九件是因为性的问题。”

“性,”著名的心理学家约翰·瓦曾说,“被认为是生活中最重要的事情,并且也被认为是造成大部分男人和女人婚姻破灭的原因。”

我还听过几位开业的医生在我班上所发表的演讲。他们所说的,实际上也是如此。那么,在这个世纪里,有那么多的书,那么多的教育,居然因为对这最原始,最自然的本能缺乏了解,而使婚姻和生活受到了破坏,你说悲哀不悲哀?

奥利佛·布特费牧师当了18年美以美教会的传教士以后，放弃了公开传教的工作，去纽约市主持家庭指导服务处，而他结婚之久，可能比许多年轻人的年龄还大。他说：

“根据我早期身为一位传教士的经验，我发现许多步入结婚礼堂的人，尽管有美好的罗曼史和美好的期望，但却是‘婚姻上的无知者。’”

“婚姻上的无知者！”他继续说：“当你想到我们把婚姻上相互调节最困难的大部分都交给了机会，而我们离婚率只有百分之十六，可以说还是一个奇迹呢。许多丈夫和太太并不是真的结婚了，只是没有离婚而已。他们过着像地狱一样的生活。”

“婚姻的快乐幸福，”布特费博士说，“很少是机会的产物。它们是建造起来的，而且是根据理智的和审慎的计划。”

为了协助做这种计划，多年以来，布特费在主持任何一对新人的婚礼的时候，一定要双方坦白地来和他谈一谈他们对未来的计划。就是从这些谈话中，他才得到这个结论，认为许多双方关系已经非常密切的当事人，都是“婚姻上的无知者”。

“性，”布特费博士说，“只是婚姻生活中许多要满足的事情之一，但除非这个关系弄好了，其他的事才能弄好。”

但怎样才能弄好呢？

“有意见不说，”——我还是引用布特费博士的话——“这个习惯必须改变。必须能够客观地、超然地来讨论婚姻生活的态度和作法。要获得这种能力，除了看一本内容高超的书以外，别无他途。除了我自著的《婚姻和性的和谐》以外，我还找来好几本这样的书。

“在所有买得到的书中，下面两本似乎最能适合一般人的需要：伊沙贝尔·胡顿所著的《婚姻中的性技巧》和马克斯·伊斯纳所著的《婚姻中性的一面》。”

我的一个朋友在12年前对我讲述了一个故事——“一本书挽救了我的婚姻生活”。

“大学毕业以后,我在一家大公司上班。5 年后,公司派我去太平洋另一端担任远东地区代表。在离开美国的前一周,我和我心目中最美丽可爱的女子结了婚。可是,我们的蜜月之旅却很糟糕,尤其对于她来说,更是失望之极。当我们到了夏威夷之后,她更是觉得我们的婚姻太不幸了,要不是她羞于面对亲朋好友,并承认婚姻生活的失败,她早就回美国了。

“在远东头两年的婚姻生活,我们都过得很不愉快,我甚至好几次想要自杀。可是,有一天,我偶然读到了一本书,它让我的生活有了翻天覆地的变化。阅读是我最大的爱好。那天,我去拜访同在远东的美国朋友,在参观他有丰富藏书的书房时,我发现了一本威尔蒂博士所著的名为《理想婚姻》的书。单看书名,似乎是一本讲大道理的说教书,不过,出于好奇,我还是翻开读了几页。我发现里面全都在谈论关于婚姻中的“性生活”——坦诚而客观地讲解分析,而不是粗俗之谈。

“要是有人对我说我应该读一读和“性”有关的书,我会感到受到了羞辱。看那种书?我甚至可以自己写一本那方面的书。可是我的婚姻生活确实处在危机之中,我决定好好读读这本书,于是,我鼓起勇气问朋友我是否可以借这本书回家看。我现在想说,读那本书真的是我生命中特别重要的一件事。我的妻子也读了那本书,就是这本书,令我们婚姻从破裂的边缘走向幸福与快乐。如果我有 100 万美元,我会买下那本书的版权,印上几百万册,免费发放给所有的夫妇。

“我曾读过著名心理学家沃尔逊博士写过的这么一段话:‘对性的交流,无疑是人们生命中非常重要的一件事。可惜的是,这件事却成为大部分夫妻的婚姻结束的真正根源,对,就是这件事。’

“无疑,沃尔逊博士的话很有道理,那我们为何还要让对性一无所知的年轻男女们结婚,毁灭他们的婚姻生活呢?

“如果你想知道婚姻中究竟是哪里出了问题,汉弥尔顿博士可以告诉你,他曾花了 4 年时间来调查这个问题,和麦克高文博士合成了《婚姻的问题》一书。他在书里写道：‘大部分不美满的婚姻，其根源都在于性生活的不协调，聪明的心理学家都赞同这个观点。不论从什么角度来说，只要在性生活方面达到协调，婚姻生活中许多其他的问题都变得容易解决。’

“我相信他的观点，因为我自己已从不美满的婚姻中明白了这个道理”。

“如何使你的家庭生活更快乐”，建议你“读一本有关婚姻中性生活的好书”。

第六章

经营好自己的人生

我们已经在美好的童话国度生活了许多年，可我们一无所知，被蒙蔽住了双眼，拥有得太多，却忽略了生活的真正乐趣。重拾这些美妙的东西，我们的人生就会更美好。

01　养成良好的工作习惯

第一个好的工作习惯是:清理办公桌上的所有纸张,只留下和手头工作有关的。

秩序也应该成为商务的第一规则。不是吗?是的,每一个商务人士的桌子上都堆满了纸张,而他已经找了几个星期。一家新奥尔良报纸的发行人曾经跟我说过,秘书偶尔帮他清理了一下桌子,结果发现了一台打字机。两年来,大家一直在寻找它。

如果桌子上堆满报告、信件、备忘录诸如此类的东西,肯定会让人产生混乱、紧张和焦虑。更糟糕的是,它让你觉得自己有 100 万件事等着处理,但根本没时间,也根本完不成。一旦产生这种情绪,你就更容易患上高血压、心脏病和胃溃疡。

如果你参观过华盛顿的国会图书馆,一定能看到天花板上的 5 个单词——那 5 个单词是著名诗人波普写的:

“秩序是天国的第一条法则。”

约翰·斯托克教授就职于宾夕法尼亚州州立大学医学院,他曾在美国医药学会的全国大会上宣读自己的一篇论文,题目叫《机能性神经衰弱引起的心理并发症》。他的论文列举了11条容易诱发心理疾病的情形,其中有一项“病人心理状况研究”:

第一条就是:一种被强迫的感觉,好像要做的一件简单的事情永远也做不完。

第二个好的工作习惯是:按事情的重要程度,安排工作顺序。

亨瑞·杜哈提创办了遍布全美的市务公司,他曾说过不管出多么高的工资,都找不到一个同时具有两种能力的人。第一种能力是思考,第二种能力是按照事情的重要程度安排事情。

查尔斯·卢克曼原本是个默默无闻的人,经过12年的努力,将自己变成培素登公司的董事长,每年除了10万美元的薪金之外,还有100万美元的进账。他说自己之所以能成功,就在于具备亨瑞·杜哈提说过的不可能同时具备的两种能力。卢克曼说:“在我的记忆当中,每天我都是早上5点起床,因为这时的头脑最清醒,可以比较周全地计划当天的工作,然后按事情的重要程度,安排处理的先后顺序。”

在美国的保险行业中,富兰克林·白吉尔无疑是最成功的推销员之一,他根本不会等到第二天早上五点才开始计划当天的工作,他在头一天晚上就已经考虑好了。他给自己制定了一个目标——一天必须卖掉多少金额的保险,如果没有完成,就累加到第二天,从不间断。

如果萧伯纳没有坚持这一原则,那么他现在很可能还是一个银行出纳,不会成为优秀的戏剧家。他给自己拟定计划:每天至少写出5页东西,不管是什么。在这个计划的鼓舞下,他整整坚持了9年。

尽管在过去的9年里,他每天只能赚到30美元。当然,人们不可能一直按照事情的重要程度来安排,不过,按照计划做事的好处,绝对超出了随兴致处理问题。

第三个好的工作习惯是：如果碰到必须马上做决定的问题，要坚决果断，千万不要拖延。

已故的H. P. 霍华是我从前的学生，他告诉我在他担任美国钢铁公司董事长的时候，每次的董事会总要花很长时间，讨论很多问题，但解决的事情少得可怜。而且每个董事在会后都要带一大包文件回家，经常看到三更半夜，依然没有结果。

最后，霍华先生提出一个建议：每次董事会只讨论一个问题，然后马上做出结论，绝不耽搁。虽然得出一个结论需要研究更多的资料，但在讨论下一个问题之前，这个问题一定能解决。霍华先生告诉我："改革的结果令人惊叹，因为它非常有效，所有的陈年旧账都解决得清清楚楚，董事们再也不必带着文件回家，而且大家也不再因为问题无法解决而忧虑。"一个好的工作习惯不仅适用于美国钢铁公司，对你我也同样合适。

第四个好的工作习惯是：学会组织，把责任分给下属，让他们去监督和执行。

很多商人不懂得如何把责任分给下属，他们坚持亲力亲为，这种做法无异于自掘坟墓。因为很多细节小事会让他们手忙脚乱，觉得时间不够用，结果产生焦虑、紧张、疲惫。

一个管理着大公司的人，如果没有学会组织人员分层监督，那么最可能出现的情况就是他在五六十岁的时候死于由焦虑和紧张引起的心脏病。

我知道学会分层监督非常困难，尤其是对我就更难了。因为如果负责人不理想，会产生很大的灾难。我也从过去的经验中认识到，一个上级主管如果希望自己的生活远离忧虑和紧张，他就必须这么做。

一个人如果习惯在书桌上堆满文件，不妨清理一下桌子，只留下急需处理的文件，那么他很快就会发现，自己的工作更容易进行。

02 不要报复你的敌人

几个世纪以来，人类总是景仰那些不怀恨仇敌的人。我常到加拿大的一个国家公园，欣赏美洲西部最壮丽的山景，这座山是为了纪念英国护士爱迪丝·康威尔于1915年10月12日在德军阵营中殉难而命名的。她的罪名是什么？就因为她在比利时家中收留与照顾了一些受伤的法军和英军士兵，并协助他们逃往荷兰。在即将行刑的那天早上，军中的英国牧师到她被监禁的布鲁塞尔军营看望她，康威尔喃喃说道："我现在才明白，光有爱国情操是不够的。我不应该对任何人怀恨或怨恨。"4年后，她的遗体被送往英国，并在威斯敏斯特教堂内举办了一个纪念仪式。我曾在伦敦住过一年，常到康威尔的雕像前，读着她不朽的话语："我现在才明白，光有爱国情操是不够的，我不应该对任何人怀有敌意或怨恨。"

怎样才能原谅和忘记误解和错怪自己的人呢？这是一个有效的方法，那就是让自己去做一些超出自己能力的理想中的事情，这样一来，我们所碰到的侮辱和敌意就显得无关紧要了。我们不会有精力去计较理想之外的事。举例来说，在1918年，密西西比州松树林里发生了一场极富戏剧性的事情，差点儿引发了一次火刑。劳伦斯·琼斯——一个黑人讲师，差点儿被烧死。几年前，我曾去看过劳伦斯。琼斯创建的一所学校，还发表了一次演说。我要讲的故事发生在很早以前。

第一次世界大战期间，大众的情感极易冲动，密西西比州中部流传着一种谣言，说德国人正在唆使黑人起来叛变。有人控告劳伦斯·琼斯激起族人的叛变。一大群白人在教堂的外面听见劳伦斯·琼斯对听众大声地喊道："生命，就是一场搏斗！每个黑人都应该穿上自己的盔甲，以战斗求生存，求成功。"

"战斗、盔甲，足够了！"这些年轻人趁黑夜冲了出去，纠集了一大群人，回到教堂里来，将传教士紧紧捆住，拖到一英里外的荒野里，将他吊在一大堆干柴上面，并且点燃了火柴，准备烧死他。这时，其中有一个人说话了："在烧死他以前，让这个多嘴多舌的人说说话，说话啊！说话啊！"

劳伦斯·琼斯站在柴堆上，脖子上套着绳圈，为自己的生命和理想发表了一番演说。他于1907年毕业于爱荷华大学，以纯良的性格和学问，以及音乐方面的天赋赢得了所有老师和学生的喜爱。毕业后，他拒绝了一家酒店留给他的职位，拒绝了一个有钱人愿意资助他继续学习音乐的计划——因为他怀有更崇高的理想。当他读完布克尔·华盛顿的传记时，他就已决心献身于教育事业，去教育那些因贫穷而无法接受教育的黑人孩子。于是，他回到贫瘠的南方——密西西比州杰克镇以南25英里的一个小地方，将自己的手表当了1.65美元，在树林里用树桩当桌子，开始了他的露天学校。

劳伦斯·琼斯告诉那些愤怒的想要烧死他的人们，自己所做过的种种努力——教育那些没有上过学的男孩和女孩，训练他们做好农夫、机匠、厨子、家庭主妇。他还谈到许多白人曾经协助他建立这所学校——送给他土地、木材、猪、牛和钱，帮助他继续他的教育事业。

后来，当有人问起劳伦斯·琼斯，还恨不恨那些想吊死和烧死他的人。他回答说，自己太忙了，有太多的理想需要实现，根本没有时间去恨别人——他将所有的心思都用在一些超过他能力的伟大的事业上了。“我根本没有时间去和别人吵架，”他说，“也没有时间后悔。没有任何人能强迫我低下到会恨他的地步。”

事件发生的当时，琼斯的态度十分诚恳，令人感动。整个过程中，他没有丝毫的哀求，只希望别人能了解自己的理想。暴民们开始软化了。最后，人群中有一个曾经参加过南北战争的老兵说：“我相信他说的是真话，我认得那些他提起的白人，他是在做一件好事，我们弄错了，我们应该帮助他而不是吊死他。”说完，老兵摘下自己的帽子，在人群中传来传去，在这些准备把这位教育家烧死的人群里，募集到52.4美元，交给了琼斯——这个曾经说过“我没有时间去吵架，我没有时间后悔，也没有哪一个人能强迫我低下到会恨他的地步。”

依匹克特修斯在1900年前就曾经说过，我们种因就会得果。无论如何，命运总会让我们为自己的过错付出代价。“归根到底，”依庇克泰德说，“每个人都会为自己的过失付出代价。懂得这一点的人不会跟任何人生气，不会和人争吵，不会辱骂他人，责怪他人，触犯他人，怨恨他人。”

纵观美国历史，可以说没有任何人受到的责难、怨恨和陷害比林肯多。可根据韩登那篇不朽的传说记载，林肯从来不以自己的好恶来评判他人。如果有什么任务需要完成，他会想到自己的对手一样能做得好。他知人善用，那些曾经羞辱过他，对他大为不敬的人，如果适合某一位置，林肯会不计前嫌任用他，如同委派自己的朋友去做一样……他从来没有因为某人是自己的敌人，或者是自己不喜欢的人而解除他人的职务。

事实上，许多被林肯委任居于高位的人，都曾批评或羞辱过他——如麦克里兰、爱德华·史丹顿和蔡斯……但林肯相信"没有人会因为他做了什么而被歌颂，也不会因为他做了什么或没有做什么而被罢免。因为人们都受环境条件、教育程度和生活习惯甚至遗传的影响，使他们成为现在这个样子，将来也永远是这个样子。"

在我的成长过程中，每天晚上我的家人都会从圣经里面摘出章句或诗句，然后一起跪下来念"家庭祈祷文"。我现在仿佛还听见，在密苏里一座孤寂的农庄里，我的父亲每个夜晚念诵《圣经》的声音："爱你的仇人，善待以你为敌的人；为诅咒你的人祝福，为欺凌你的人祈祷。"

我的父亲做到了耶稣教给的那些话，也使他的内心得到了一般将官和君主都无法得到的平静。

许多年以前的一个晚上，我外出旅行时经过黄石国家公园。一位森林管理员骑在马上，和我们这群兴奋的游客谈起熊的故事。他说："有一种大灰熊也许能击倒除了水牛和另一种黑熊以外的其他所有动物。但是有一天晚上，我却发现一只小动物——只有一只，能够让大灰熊和它在灯光下一起共食。那是一只臭鼬！大灰熊知道自己的巨掌一下就可以把这只臭鼬打昏，可是它为什么不那样做呢？因为它从经验里学到，那样做得不偿失。"

我同样也懂得这个道理。我在孩童时，曾在密苏里的农庄上抓过四只脚的臭鼬。成年之后，我在纽约街头也经常碰到一些像臭鼬一样的却长着两只脚的人。从许多不幸的经验中我发现，无论招惹哪一种臭鼬，都是得不偿失的。

当我们憎恨我们的仇人时,实际上等于给了他们战胜我们的力量。这种力量可能会影响我们的睡眠、我们的胃口、我们的血压、我们的健康和我们的快乐。如果仇人们知道他们是如何令我们担心,令我们苦恼,令我们一心想报复的话,他们一定会兴高采烈地跳起舞来。我们心中的怨恨不仅无法伤害到他们,反而使我们的生活变得像地狱一般。

"如果自私的人想占你的便宜,不要理会他们,更不要想着试图报复。一旦你与他扯平了,你就会伤害自己,比伤害那家伙更多……"你猜这是谁说的?听起来仿佛是一个伟大的理想主义者所说的,其实不然,这段话最初出现在一份由米尔瓦基警察局发出的通告上。

报复心是怎么伤害你的呢?伤害的地方可多了。根据《生活》杂志的一篇文章,报复甚至会有损人的健康状况:高血压患者最主要的特征就是容易愤怒。长期愤怒,高血压和心脏病就会随之而来。

现在,你应该懂得耶稣所说的"爱你的仇人",不仅仅是一种道德上的训诫,而且是在宣扬一种20世纪的医学原理。当他说"原谅77次"的时候,他是在告诉我们如何避免高血压、心脏病、胃溃疡和其他种种疾病。

我的一个朋友最近心脏病突发,医生命令他躺在床上,并告诫他无论发生什么事都不能动气。懂得一点儿医学知识的人都知道,心脏衰弱的人,发脾气可能会送命。几年前,在华盛顿州的斯博坎城,就曾经有一名饭馆老板因过度生气而猝死。我手边有一封华盛顿州斯博坎城警察局局长杰瑞。史瓦脱写的信,他在信上说:"68岁的威廉。坎伯开了一家小餐馆,因为厨子用茶杯盛咖啡而感到非常生气,他抓起一把左轮枪去追那个厨子,结果因为心脏病发作倒地而亡,死时手里还紧紧抓着那把枪。验尸官的报告显示,他是因为愤怒引起心脏病发作而死的。"

当耶稣说"爱你的仇人"时,他也是在告诉我们怎样改进我们的外表。我想你也和我一样,经常可以看到一些女人,她们的脸上常常因为过多的怨恨而布满皱纹，因为悔恨而扭曲，表情僵硬。无论如何美容，都比不上让她们的心中充满宽容、温柔和爱。

怨恨甚至可能会影响我们对食物的享受。圣经上说："怀着爱心吃菜，要比怀着怨恨吃牛肉好得多。"

如果仇人们知道怨恨会搞得我们筋疲力尽，使我们疲惫而紧张不安，使我们的容颜受到损害，使我们得心脏病，甚至可能置我们于死地，他们难道不会拍手称快吗？

即使我们无法爱我们的仇人，但至少应该学会爱我们自己，要使仇人无法控制我们的快乐、我们的健康和我们的容颜。正如莎士比亚所言：

不要因你的敌人而燃起一把怒火，
最终却烧伤了你自己。

大师金言

让我们永远不要试图去报复我们的仇人，因为如果我们那样做的话，我们会深深地伤害自己。让我们像艾森豪威尔将军那样：不要浪费一分钟的时间去想那些我们不喜欢的人。永远不要让愤怒遮掩理智，如果任由头脑发热，怒火燃烧，失去理智，意气用事，则会害人害己，将人生置于不利的境地。

03　享受施与的快乐

要追求真正的快乐，就必须抛弃别人会不会感恩的念头，只享受施与的快乐。

几千年来,为人父母者一向因为孩子不知感恩而非常的伤心。即使莎剧主人公李尔王也不禁喊道:“不知感恩的子女比毒蛇的利齿更痛噬人心。”

可是,孩子们为什么要感恩呢?除非我们去教育他们。忘恩本是人的天性,它像随地生长的杂草。感恩则有如玫瑰,需要细心栽培及爱心的滋润。

如果我们的孩子不知感恩,应该怪谁?也许该怪的就是我们自己。如果我们从来不教导他们向别人表示感谢,怎么能期望他们来谢我们?

我认识一个住在芝加哥的人,常常对人抱怨自己的两个继子不知感恩。其抱怨倒也不是完全没有理由。他娶了一个寡妇,那个女人要他四处借钱,以供养她的两个儿子读大学。他在一个纸盒厂做工,一个星期才赚不到40块钱,得买食物、衣服、燃料,得付房租,还得还债。就这样,他像一个苦力一样辛辛苦苦干了四年,却从来没有一句抱怨。

有没有人感谢他呢?没有,太太认为这是理所当然的,两个宝贝继子也是如此认为。他们从来也不觉得自己欠继父什么,甚至于连“谢谢”也不愿意说。

这该怪谁呢?怪孩子们吗?不错。可是更该怪的是做母亲的。在她看来,根本不应该在两个年轻人身上增加过多的“负疚感”。她不希望自己的两个儿子一开始就欠人家什么,因此从来没有想到要说"你们的继父真是个好人,帮你们读完了大学",而是采取相反的态度"这是他起码应该做的。"

她以为这样做会对她的两个儿子的成长有好处,可实际上,这等于是让自己的孩子在走上人生道路的开端,产生全世界都欠自己的一种危险的观念。这种观念实在很危险——后来她这两个儿子其中的一个想向老板"借一点儿钱",结果进了监狱。

我们必须牢记,孩子的行为完全是由父母造成的。举个例子吧:我的姨妈——薇奥拉·亚历山大,她就从来没想过自己的孩子会对她"感恩"。小时候,我记得姨妈把自己母亲接到家里来,同时也照顾自己的婆婆。现在闭上眼睛,我依然清楚地记得两位老太太坐在姨妈农庄壁炉前的情景。她们会不会给姨妈增添麻烦呢?当然会。可是,你在她的一言一行中丝毫看不出烦恼。对两位老太太,她顺从她们,宠她们,让她们非常舒服地度过晚年。除了两位老人家,姨妈还必须照顾六个孩子。但她从来没有觉得自己这么做有什么特别,也不期望因把两位老太太接到家里而赢得他人的赞美。在她心目中,这是一件十分自然的事,也是应该做的事,而且是她希望做的事。

今天的薇奥拉姨妈在哪儿呢?在她守寡 20 多年后,五个孩子都已长大成人——分别组织了五个小家庭,大家争着要跟妈妈住在一起。孩子们都非常敬佩她,无论如何都不愿意离开她。这是感恩吗?不是,这是爱——纯粹的爱。这些孩子在自己童年时,就深受爱的熏陶,现在情况反过来了,他们能付出爱心也就没有什么值得奇怪的了。

因此让我们记住:要培养出知恩图报的孩子,就要自己先身体力行。要注意我们的一言一行,要记住不要在孩子们面前蔑视别人曾经给我们的好处。永远不要说"看看苏表妹送给我们的圣诞礼物,这些桌布,都是她自己钩的,没花她一毛钱。"这种话也许只是顺口说说,可孩子们却可能听进心里去。

避免为别人不知感激而难过和忧虑,请记住,第三条规则是:

(1)不要因为别人忘恩负义而不快乐,要认识到这不过是一件十分自然的事。

(2)让我们记住找到快乐的唯一方法,就是施恩勿望回报,只为施与的快乐而施与。

(3)让我们记住感恩是“教化”的结果。如果我们希望自己的子女能知道感激,我们就要训练他们这样做。

要培养出知恩图报的孩子,就要自己先身体力行。要注意我们的一言一行,要记住不要在孩子们面前蔑视别人曾经给我们的好处。

04 多想想得意的事

有一位朋友名叫露西莉·布莱克,她在学会自我满足、不为失去而忧虑之前,几乎也濒临悲剧的边缘。

我认识露西莉已多年,我们曾经一起在哥伦比亚大学新闻学院选修短篇小说写作。九年前,当她住在亚利桑那州的杜森城时,生活曾遭遇过一次巨变。以下就是她讲述的故事:

“我的生活一直很忙乱,一边在亚利桑那大学学风琴,一边在城里开一所语言学校,与此同时还在所住的沙漠牧场上教音乐欣赏课程。我整天参加大大小小的宴会、舞会,在星光下骑马。直到有一天早晨,心脏病突发,整个人都垮了下来。‘你必须躺在床上静养一年。’医生说。他居然没有给我任何鼓励,使我相信自己能够完全康复。

在床上躺一年，像一个废人，甚至可能会死掉。我吓坏了，反复地问自己，为什么我的命运如此坎坷，遭遇如此不幸的事情呢？难道我做错了什么，该受如此报应？我又哭又叫，心里充满了怨恨。但无论如何，我只能遵照医生的话，躺在床上等待命运的裁决。我有一位邻居名叫鲁道夫，是个艺术家。他对我说：'也许你觉得在床上躺一年是一件十分痛苦的事情，而事实上并非如此。你可以充分利用这段时间，重新认识自己。相信这几个月对你思想的提高，会比你大半辈子还要多。'听了这番话以后，我心情平静下来，开始尝试着学习一些新的价值观念，阅读一些能对人有所启发的书籍。有一天，我听到一个广播电台的新闻评论员说：'你应该谈论自己所了解的事情。'这类话以前我不知道听过多少遍，但现在才真正深入内心。我决心只想那些对我的生活有积极意义的东西——快乐而健康的事物。每天早上，我都强迫自己想一些令人激动的事情：我没有痛苦，我有一个可爱的女儿；我的眼睛看得见，耳朵听得到；收音机里播放着优美的乐曲，有充足的时间看书学习，吃得好睡得香，有很好的朋友，来看我的人多到医生不得不挂一个牌子——每次只许接待一个客人，并且限定接待的时间……我应该为自己感到高兴。

从那时到现在已经有 9 年时间了，现在我的生活很丰富也很生动。我非常感激在床上度过的那一年，那是我在亚利桑那州所度过的最有价值、最快乐的一年。至今我依然保持当年养成的习惯，每天早晨数一数自己有多少得意之事，这是我人生最宝贵的财富。有时候，我觉得很惭愧，因为直到我担心自己会死去之前，才真正学会怎样生活。"

我亲爱的露西莉，你可能并不清楚，你的感悟正和 200 多年前的萨穆尔·约翰逊博士不谋而合，"让自己学着只看事物好的一面并养成习惯，这会比你每年多赚 1000 英镑更有价值。"我想你大概也不知道，约翰逊博士并非天生乐观积极，他曾在贫苦和艰难中挣扎了 20 年，几经努力，最终成为他那个时代最著名的作家，也是历史上享有盛誉的演讲家。

洛根·皮尔萨·史密斯用很简单的几句话，说明了一个大道理"人在

生活中应该有两个目标：第一个目标是努力得到你想要的。第二就是要在得到后满足而快乐，这一点唯有最具智慧的人才可做到。”

你能否想象在厨房刷洗碗碟也是一件快乐无比的体验呢？如果你想的话，就可以找一本名叫《我希望能看见》的书来看作者是波姬·阿黛尔，这本书里述说了这位女性作者勇于直面现实的故事。

这本书的作者是一个女人，她失明几乎长达50年，她写道：“我只有一只完好的眼睛，上面也都是疤痕，我只能透过眼睛左侧的小缝来看外面的世界。我看书时，不得不把书几乎贴到脸上，并把另一只眼睛斜向一边。”

但她拒绝别人的怜悯，甚至不希望别人将她视作“和正常人不一样的人”。小时候，她非常想和其他孩子一起玩跳房子，可她看不清地上画的线，她就在其他孩子都回家后，趴在地上，用一只眼睛贴近地面察看，将每一条线都牢牢记在心底。没过多久，她居然成为那群孩子中跳得最好的一个。她看书的时候，将书页紧贴在脸前，几乎碰到了眼睫毛。就这样，她一直坚持读书，后来获得了两个学位：先拿到明尼苏达州立大学的学士学位，后来获得哥伦比亚大学硕士学位。

她开始教书的时候，是在明尼苏达州丰收镇的一个村庄，多年后成为南达科他州奥格塔那学院的新闻和文学教授。她在学院工作了

13 年,被许多女子俱乐部邀请去演讲,还在广播电台主持评点图书的节目。她写道:“在我内心深处,总是惶恐不安,担心自己会随时完全失明。为了不被恐惧所摆布,我努力让自己快乐一点再快乐一点,几近快乐的极限。”

然后,在 1943 年,那一年她 52 岁,一个奇迹发生了。她去著名的麦威眼科医院做了一次手术,她的世界豁然明亮了 40 倍。在她眼前,呈现的是一个充满新鲜和趣味的新世界。她发现,即便只是在厨房的水池里洗碗碟,也是乐趣无穷的事情。她在书里写道:“我把水池里的洗涤剂产生的泡沫,抓起一把来,迎着光亮看,在大大小小的泡沫里,我看到了一道又一道明亮绚丽的彩虹。”

你和我都该为此羞愧。我们已经在美好的童话国度生活了许多年,可我们一无所知,被蒙蔽住了双眼,拥有得太多,却忽略了生活的真正乐趣。

如果我们想停止忧虑,塑造快乐人生,多想想你得意的事——而不是烦恼。

05 拥有自己的信仰

在密苏里州独立市的雷特街,有一个名叫雷纳·川吉的先生。1928 年,他继承了一笔价值 10 万美元的产业。但到了 1938 年,他却宣告破产,事情是这样的:

雷纳·川吉的父亲不但事业有成,而且为人极为慷慨。在他上高中时，只要用钱，父亲都允许他随时用银行的账号开支票。到他上大学时，他更是精于此道，他只知道如何用父亲的账号去签支票。他这样的生活方式一直到他父亲去世。

父亲去世时，给川吉留下一大片而且十分值钱的土地，土地就在密苏里河下游靠近莱辛顿一带。他开始以农夫自居，但没过多久，大萧条横扫全美各地，他第一年的账务便出现严重赤字。于是他抵押了一片土地去偿还债务和填补银行存款，但始终不景气，使他不得不把那片抵押的土地以极低的价格卖出。因为他仍需钱用，便又以同样的方法陆续把田地低价卖出。最后，算总账的日子终于来了，他已一无所有。

雷纳·川吉如果想继续活下去，就必须面对现实，去找一份工作。这时，他除了面对自己的困境之外，也开始寻找自己究竟信仰什么。以前他一直人云亦云地认为美国是个充满机会的国度，只要努力便能达到目标。现在，虽然正逢萧条时刻，工作机会不多，但他个人仍有一些长处。他的健康状态良好，有大学文凭和一些商业知识，并且还有从失败和错误中所得到的经验和教训。他现在需要采取行动，于是他开始不让自己颓废下去，强迫自己用信心来取代恐惧和疑惑。他相信在这个充满机会的世界，只要有决心，每个人都可以挣得一席之地。就是这份信念，使他不轻言放弃。

终于，雷纳·川吉在堪萨斯市的一家财务公司找到了一份工作，并在那里愉快地工作了 4 年。后来他辞去职务，再度回到农场。这次事情进行得相当顺利。他慢慢建立起自己的信用，并逐渐扩大自己事业的范围。他买进卖出，获得了一些利润。这一次，他终于走上了成功之路。

他曾经失去的产业，都被他再度赚了回来。他的努力没有白费，但更重要的是把这些宝贵的经验都传给了他的两个儿子。这比给他们丰厚的财富更有价值。

雷纳·川吉从一个被娇宠、不知责任为何物的男孩，一夜之间认清了自己不但需要信仰，并且要采取行动来印证它。正是由于他对美国有信心,因此使他能像成人一样面对现实。

每个奇迹中都孕育着始终如一的信念。坚信自己的信念,是走向成功的法宝。静下心来,按着自己的信念专心努力地去做,成功必然属于自己。

仅有信仰并不足以让我们变得成熟。信仰的好处是能增强勇气,使人们在接受考验的时候,不至临阵退却。除非以信仰做基础,然后付诸行动,否则任何道理、原则都没有什么用处。

荷特利太太住在加拿大的沙卡契文市,是个快乐平凡的家庭主妇。她的生活一直很如意,直到有一天发生的一场可怕车祸,使她毫无防备地掉进了一个深渊里。开始,大家都以为她是脊椎骨断裂。后来经 X 光显示,虽然她的脊椎骨没有断裂,但骨骼表面长出了一块刺状物。医生叮嘱

必须卧床休养三周,并且还带来了一个坏消息。医生告诉她,由于她的脊椎骨有严重的僵硬现象,也许在五六年后,她会全身瘫痪。

荷特利太太知道这个结果时,一下了惊呆了。她一向活泼好动,又从未遇到过不顺心的事,但现在不幸终于发生了。她卧床静养的时间由三周延长到四周,而后又是五周、六周……她此时全没有了勇气和乐观,心里只有无尽的恐惧。她只觉得自己一天比一天衰弱。

一天早上,她从噩梦中醒来,发现自己的思绪如水晶般清澈透明。她

告诉自己,5 年的岁月已不算短,她还可以做许多事情。只要自己继续治疗,并且有战胜病魔的决心,或许还能改善自己的状况。由于自己已经有了坚定的战胜病魔的决心,她觉得自己心中的恐惧和无力感立刻消失了。她挣扎着起床,想要立刻开始新的生活。

她找了两个字作为自己的座右铭,时刻不断地提醒自己:向前,向前!

这已经是 5 年前的事。如今她再度做身体检查,医生认为她的椎骨的状况良好,看起来可以继续维持另一个 5 年。医生特嘱她要保持愉快的心情,对生命感兴趣,并且继续前行。这正是她的信念。

在夏威夷也有一位像荷特利太太一样的人,他是个建筑承造商,也坚信人不可轻言放弃。他不但如此坚信,并且时刻在行动中表现出来,因此事业上做得十分成功。他就是保罗·莫哈先生。

1931 年,莫哈先生在建筑和工业界四处打听,想要找一份工作。那时他年轻,没有工作经验,所以处处碰壁,工作根本没有着落。由于当时不景气,没有公司需要增聘工程或制图人员,就连经验丰富的老手也往往被解聘。他当时很气馁,但后来他决定,如果再没有公司用他,他就自己来做。他从亲友那里借了 500 美元,成立了一家小小的建筑承造公司。当时公司很不景气,想盖房子的人谁也不愿找一名没有经验又没名气的人来做。但无论怎样,他都鼓起勇气,下定决心要干到底。凭着这份坚持和信念,他终于找到了几份小生意做。

他的第一笔生意是承造一栋 2500 美元的房子。由于缺乏经验,估价不准,结果他赔了 200 美元。但是,有了这次失败的经验,接下去的几桩生意便弥补了过来。由于他坚信人不可轻言放弃,终于渡过了一生中最大的难关。

人生中所梦想的每一件事最后都会回归到你身上,我们的生命就是很简单的响应我们所梦想过的事。因为梦想是人生的动力,在生命的每个脚印中都刻下了痕迹。如果你要这个世界有更多的爱,那么你就要在你的心中创造更多的爱;如果你要你的成就更辉煌,那么你也要先让你自己更优秀，这样的关系可以套用在每一件事上。生命，会响应给你每一件你曾梦想过的事。生命中没有意外，它就是你的反射。

我们必须信仰某些事物，但是，假如我们没有就此信仰去采取行动，一切仍然无用。只有信心而没有作为，是无济于事的。

06　不要让他人的看法左右自己

要想成为一个成功的人，你必须先是个不盲从的人。你心灵的完整性是不可侵犯的，当你放弃自己的立场，而想用别人的观点去看一件事的时候，错误便造成了。

涉世未深的年轻人，常常会害怕自己与众不同。无论是穿着、行动、言谈或思考模式，都尽量和自己所属的圈子认同。家里有青少年的父母最怕听到这样的话："玛丽的妈妈都让她擦口红了。""别的女孩像我这样的年龄，早都和男朋友约会了。""你们是要我当个怪物吗？没有人会在11点钟以前赶回家的。"等等。

人们大都喜欢和同龄人相比，他们很在意玩伴或朋友对自己的看法。他们存在的最重要证据，就是被同伴接受。如果同伴之间的标准和父母的标准发生冲突，也会对他们造成极大的困扰。因此，这也正是让父母头痛的地方。

当身处陌生的环境，又没有经验可以参考时，最好是顺应一般人的标准。等到自己的经验和信心足以给自己力量时，再按照自己的信心和标准去做。如果还不明了自己反对的对象或理由便贸然从事改革,也只是愚人的做法。

不管怎样,时间总会给人发展出一套自己的价值系统。例如,人们会发现诚实是最好的行事方针。这不仅因为有许多人曾这样教育我们,也是由自己的观察、经历和思索的结果得来的。值得庆幸的是,对于整个社会来说,大部分人都同意某些生活上的重要基本原则。否则,将会天下大乱。

然而,那些生活的基本原则也有受到考验的时候,尤其是那些不愿随波逐流、人云亦云的人会提出改革,这便是文明进步的动力。如人们一直不敢贸然反对行之有效的奴隶制度,直到有一部分前卫者起来大声疾呼,最后才逐渐得到响应。

另外,如剥削童工、酷刑逼供、不人道的刑罚等,实在举不胜举。这些不合理的现象,曾经被大多数人接受,并且也没有人指出质疑。直到有一少部分人起来反对,并坚持到底,才出现了转机。

不随波逐流并不容易,至少不是一件愉快的事,甚至还有危险性。大多数人宁愿躲在人群中,顺应环境,也不愿对统治者的领导提出质疑或反对。但是,他们并没有意识到这种安全的虚伪性。大众的心理其实很脆弱,最容易被人牵着走。像追求安全感一样,人们顺应环境,最后往往会变成环境的奴隶。真正的自由,在于接受生活的挑战、在于不断奋斗,并经历各种事情。

著名的战地特派员艾得吉·莫瑞曾说:“一般人并不追求消极性的德行,如顺应环境、安全或所谓的幸福等而达到人格的完整性,而是凭借承受重担而到达卓越的境地。我们的祖先一直了解,健康的人从不逃避困难。”

也有人认为,那些不随波逐流的人,通常是一些古怪、喜欢标榜与众不同或喜欢哗众取宠的人。通常人们不会认为一个留着大胡子的人,或穿着T恤参加正式宴会的人,或一个在大街上光脚走路的人,或在剧院抽雪茄的女士,是一些喜好自由的独立人士,反而会认为他们只不过像动物园里的猴子一样，文明程度不很高明罢了。

成熟的性格能增进人们的信念，也能驱使人们去遵守这些信仰。每个人对自己、对全人类都有一种责任，就是好好地运用自身所有的各种能力，来增加全人类的福祉。爱默生在这方面所采取的坚定立场一向赢得人们的尊敬。他在世时，很多从事反奴隶或其他各种改革运动的人都希望得到他的支持，但他都拒绝了。他当然也很同情这些运动，也希望他们能做得更好。因为那并不是他的专长，所以他认为不应该把自己的精神和能力运用到这些运动上面。虽然因此而遭人误解，但他仍坚持这个原则，并在所不惜。

不随便迁就一项普遍为人所坚持的原则，或坚持一项并不被人支持的原则，都是件不容易的事。一个不随波逐流的人，愿意在受到攻击时坚持信念到底，这的确需要极大的勇气。

在一次社交聚会上，人们正在谈论最近发生的某个议题。当时，在场的人都赞同某个观点，只有一位男士表示异议。他先是客气地不表示意见，后因有人问他看法，他才说，他本来希望人们不要问他，因为他是与各位站在不同的一边，而这又是一个愉快的社交聚会。但既然人们问到他，他就要把自己的看法说出来。接着，他便把看法简要地说明一下，立刻遭到大家的围攻。但他仍坚定不移地固守自己的立场，毫不退让。结果，虽然他未说服众人同意他的观点,却赢得了大家的尊重。因为他坚持自己的信仰,没有做别人的应声虫。

美国人曾经必须靠个人的决断来求取生存。那些驾着马车向西部开发的拓荒者,遇到事情时并没有机会找专家来帮忙解决问题。不管是遇到紧急情况或任何危机,他们也只能依靠自己。印第安人来攻击的时候,没有警察,他们只能依靠自己的智慧和力量;要想安顿家庭,没有建筑公司,完全得靠自己的双手;生病时,没有医生,他们便依靠常识或家庭秘方;想要食物,更是靠自己去耕种或猎捕。这些人,每当遇到生活上的各种问题,都得立即下判断、作决定。事实上,他们也一直做得很好。

现在人们生活在一个充满专家的时代。由于人们已十分习惯于依赖这些专家权威性的看法,所以便逐渐丧失了对自己的信心,以至于不能对许多事情提出自己的意见或坚持信念。这些专家之所以取代了人们的社会地位,是因为是人们让他们这么做的。

现在的教育模式,是针对一种既定的性格特征来设计的,因此这种教育模式很难训练出领导人才。因为大多数人都是跟从者,不是领导者,所以人们即使很需要进行领导人才的训练,但同时也很需要训练一般人如何有意识、有智慧地去遵从领导。只有这样,才不会像被送上屠宰场的牛群一样,只会盲目地跟着走。

根据教育家华特·巴比的理论,孩子们是按照国家所需要的人格特征来给予训练的,所以训练后都能养成如下的特性:能社交、平易近人,能随时调整自己以适应群体的生活等等。畏缩性格被认为是不能适应环境的表现,每个孩子都必须参与游戏,都轮流做领导人;每个孩子都必须针对某个题目发表意见,都必须讨别人的喜欢。但是,如果让这些国家未来的主人翁都能在这样的教育体系下愉快地接受训练,那就必须让那些有独立个性的孩子也有独立的空间。如果孩子喜欢音乐而不喜欢踢足球;或是喜欢阅读而不喜欢玩棒球,都应当允许他们按照他们自己的意愿去做,而不应把他们看成是与群体格格不入的人。

在一般的公立学校，那些敢提高自己的声音，为子女的教育方式提出看法和意见的父母，确实需要勇气。由于通常人们会认为，教育上的问题自有专家们来处理。

有一位城郊的年轻人勇敢地站出来，为自己女儿的教育方式讲话。他是个能独立思考的人，并对自己的信念极具信心。他不断地提出问题，而且独自与公众的意见奋战。一年后，有一些人受他的影响，推选他为社区教育委员会的委员。现在，不但他自己的子女受益，更有多数学生因他所提出的意见而连带着受益。

有许多小儿科医生会告诉父母如何喂养、抚育和照顾孩子，也有许多幼儿心理学家告诉父母如何教育子女；经商时，有许多专家会告诉父母如何使生意成交；在政治上，人们投票很少是因为个人的选择，大部分人是盲从某些特定团体的意见；就是人们的私生活，有时也要受某些专家意见的影响。很多人都没有想到，其实自己就是世界上最伟大的专家。

普林斯顿大学校长哈洛·达斯，对顺应群体与否的问题十分关切。他在 1955 年的毕业生典礼上，以《成为独立个性的重要性》为题发表演讲。他指出：无论人们受到多大的压力，使他不得已改变了自己去顺应环境，但只要他是个具有独立个性气质的人，就会发现，无论他如何尽力想用理性的方法向环境投降，他仍会失去自己所拥有的最珍贵的资产——尊严。维护自己的独立性，是人类具有的神圣要求，是不愿当别人的橡皮图章的表现。随波逐流，虽然可得到某种情绪上的一时满足，但人们的心灵定会时时受到它的干扰。

1955 年 6 月，澳大利亚驻美大师波希·施班特爵士在受任为纽约联合大学的名誉校长时，曾发表了如下演讲：

生命对我们的意义，是要把我们所具有的各种才能发挥出来。我们对自己的国家、社会、家庭，都具有责任。这是我们到这个世上来的理由，也能使我们活得更有用处。假如我们不去履行这些义务，社会就不会有秩序，我们的独立性和天赋就不能发挥出来。

没有独立的思维方法、生活能力和自己的主见，那么，生活、事业就无从谈起。众人观点各异，总是听从别人的意见也会导致无所适从。最好的办法是把别人的话当做参考，仔细权衡斟酌之后，一切才能处之泰然。

人们只有在找到自我的时候，才会明白自己为什么会到这个世界上来，要做些什么事、以后又要到什么地方去等这类问题。

07　不要过于在意结果

赢得别人注意的最好方法，就是不要去担心结果如何，或在意别人是否喜欢自己。只要自己开始采取行动，努力去实践那些必须完成的事情即可。

当人们还处在做梦年龄的时候，常常会梦见有朝一日写出最伟大的小说来，想象别人是如何赞赏那本书的想象自己如何听到掌声，想象自己如何嗅到那永远的荣耀。有时，也会梦见自己要穿什么样的衣服，所到之处，别人是怎样赞美、追求、不断引用自己讲过的话。那时人们会想到很多优美的事物，唯独不会想到自己将来会遇到困难；或是将来的工作枯燥无味、非常辛苦；或是在文学创作中会流汗和流泪等等。人们想的都是有关荣耀的报偿，而不是努力去赢得这份荣耀。像这种幼年时期的稚气行为，可以说是典型的一颗寂寞的心灵想得到友谊或是想与他人建立良好关系的心理表现。只是我们总是希望别人先来喜欢我们，都不曾想到要如何才能让人喜欢。

中国的孔子曾经说过，最重要的不是别人没有爱自己，而是自己是否值得被别人爱。要想得到别人的感情和友谊，必须先去用心改善自己的态度，并增进能让别人喜欢你的品质。

玛丽恩·安德森曾经很生动地描述自己早期的生活。那时她事业失败，整个人很不得志，自己几乎就要放弃歌唱生涯。后来，她逐渐恢复了勇气和信心，准备继续为自己的事业奋斗下去。有一天，她极兴奋地告诉母亲，她要再唱下去！她要继续追求完美！她要每个人都喜欢她。母亲回答：这很好。但是要知道，人在成就伟大的事业之前，必须先学会谦卑。玛丽恩听后深受感动，因此决心在音乐造诣上力求完美，而不是想要完美。

在好莱坞默片时代，以拥有狗明星“强心”而名噪一时的亚伦·波恩，由于观察许多狗的动作，因而写下一本极为轰动的畅销书《写给强心的信》。在书中他说，强心在拍片时很自得其乐，看起来不是为报酬而工作，而是它本身真的很喜欢这项工作。有几次，现场根本就没有人要求它表演，可它却一直表演得很高兴。可见它丝毫不是为报酬而工作，这就是它成为明星的原因。

波恩先生又讲了一个小舞星的故事。那小女孩在试镜时十分紧张，几乎没有勇气出场。波恩告诉她不要去揣想试镜的结果，只要高高兴兴地跳就是成功。果然小女孩不再紧张，并且于试镜之后获得录用。

著名作家荷马·科诺卫对交友之道非常有一套。凡是碰见他的人，无论是老幼妇孺、百万富翁，还是清洁工，都会在与他相处的 15 分钟之内，便对他产生好感。他既不年轻，又不英俊，更不是百万富翁，但因为他一点也不矫揉造作，并且能让人感到他真的喜欢、关心他们，所以人们才会喜欢他。有的孩子会爬到他的腿上；朋友的仆人会特别用心地为他准备餐点。而且如果有人宣布“今晚荷马将到宴会上来”，那当天的宴会一定没人会缺席。除了朋友对他有深厚的感情外，他的家人也都十分尊敬他。他的妻子、女儿，还有好几个孙子，全都称赞他。

荷马·科诺卫从不担心要如何交朋友，因为他已是每个人的朋友了。他不在乎别人是否喜欢自己，而是专心地去喜欢别人，结果却收到了“无心插柳柳成荫”的效果。

当我们年幼时，会充满无限的幻想，梦想着要改变世界。当长大一点，我们发现世界不会改变，决定放短自己的目光，去改变国家。但是，国家好像也不可以改变。到了暮年，我们决定做最后的尝试，只要改变自己的家人，那些与我们最亲近的人，然而，他们也不会改变。如果我们首先改变了自己，然后通过以身作则，就可能改变家庭，而受到他们的鼓励，可以使得我们的国家变得更好一些，说不定，我们还改变了整个世界。我们思想和行为的顺序应该从自己开始。

得到友谊的最佳方法是必须注意施与，而不是获得。友谊应该是亲自赢得的，而不是凭一时的吸引或哄骗。所谓赢取友谊的能力，是指一种心境、一种处世的态度或是一种愿意把自己的爱、兴趣、注意力及服务精神献给他人的愿望。

有经验的销售人员一定都知道，如果你一直担心生意的成交与否，则一定会造成心理负担而不能好好表现。哈里·布利斯是大众食品公司的董事长，他在大学时代，曾经靠推销缝纫机来赚取学费。布利斯先生认为，好的销售员所关心的只是一心一意地去为顾客服务，而不会去想生意是否成交。如果销售员的注意力都集中在服务顾客，其产生的力量会较大，也不会遭到拒绝。布利斯先生说，他现在想告诉销售员们，如果他们每天早晨都先这么想一遍：今天要尽可能地去帮助别人，那么他们一定会更容易与顾客沟通，生意自会成交。那些致力于帮助别人解决问题的人，使别人能活得更好、更快活的人，才是真正最好的销售人员。

人们在玩高尔夫球时，眼光总是集中在球上。卡耐基则告诉他的学

员，通常要把注意力集中到所要传达的信息上面。如果你遇事过于在意成效如何，就容易产生紧张、害怕、表达不佳等副作用，结果反而达不到自己想要的效果。

汉姆斯也是尝尽苦头才学到这个教训的。由于他胆小，因此别人特别喜欢欺负他，像火车站的脚夫、计程车司机、餐馆的侍者等，都来吓唬他。另外，他也自认为不是个公开演讲的料子，要他站在别人面前讲话，他花费的精力绝不少于别人主持大型会议的精力。几年前，他准备发表演讲，据说当时的观众很难缠，事前他曾与一位朋友共餐，就免不了露出了紧张的情绪。于是他就问朋友："假如听众不喜欢自己，那怎么办？"朋友说，他倒不觉得听众是否喜欢自己有多么重要。重要的是你有没有把想讲的信息传达出去，至于他们喜欢或讨厌自己，这又有什么关系！朋友的这番话，改变了汉姆斯的一生，也改变了他对演讲的整个看法。

休斯曼博士是《来自施诺夏普的少年》一书的作者，他是英国杰出的知识分子。他身兼诗人、评论家、演讲家和教师等职，一向不喜欢教条和所谓的宗教传说。但有一次，他在演讲时却提到，他认为人类历史上最有深度的一句话是："那些想挽救生命的人，往往会失去生命；而那些失去生命的人，其实是挽救了生命。"休斯曼讲的是有关艺术、美学的精神，强调创造性的艺术家应当看重创作本身，而不是创作可能得到的报偿。

当然，为了要得到友谊和情爱，人们必须先认清"施比受更有福"，然后再把这种认知表现出来。不能只是把金矿藏在内心，黄金必须使用才能显示出价值。

在生活中，做一个人很难，做一个有着完满人性的人更难。众人皆醉你独醒，众人皆利你独义。你可能成就人的尊严和高贵，以行人所不易行之善来捍卫人性的光辉。但你肯定要付出很多很多，有时付出的会超过你所能得到的。这时，你只有自己咬牙挺住，你唯一的希望在于感化别人。

大师金言

得到友谊的最佳方法是必须注意施与，而不是获得。友谊应该是亲自赢得的，而不是凭一时的吸引或哄骗。

08 记住这两个词："思想""感恩"

我认识哈罗·艾伯特已经很多年了，他曾经当过我的教导主任。有一次，我们在堪萨斯相遇，他特意开车送我回位于密苏里州贝尔城的农庄。路上,我问他是怎样保持快乐心态的,他便给我讲述了一个我永远也忘不了的有趣故事。

“我以前经常担忧,”他说,“不过,1934年春的某一天,我在一条街上所看到的一幅景象驱逐了我所有的烦恼。前后过程不到10秒钟,不过这10秒钟内,我所学到的比过去10年还多。我在韦伯城开过两年的杂货店,”哈罗德·艾伯特在告诉我这个故事时说,“我不但用光了所有的积蓄,还欠下了一大笔债,得7年才能付清。杂货店正是那天的前一个星期六停止营业的。我正打算到银行借点钱,好动身到堪萨斯城找个工作。我像一个一败涂地的人在路上走着,失去了斗志和信心。忽然间,我看到对街过来一个没腿的人,他坐在一块小木板上,下面用溜冰鞋轮做了四个滚轮,两手各拿一块木头在地面上支撑划动自己。他过了街,正要把自己抬高几英寸以越过马路到人行道来。正当他费力抬高他身下的木板时,他的眼光与我相遇,并向我笑了一笑。‘早安,先生!今天天气真好,不是吗?’他的声音里充满了朝气。我看着他,才发现自己是多么富有。我有两条腿,我可以走路,我对我的自怜感到羞耻。我告诉自己,这样一个失去了双腿之人还能开心、快乐、充满自信,我拥有双腿,当然也可以做得到。我顿时觉得精神多了。原来我只打算借100美元,现在我有勇气要求借200美元。本来我只打算试试看能不能找个工作,但现在,我有信心宣布我要去找个工作。我拿到借款,也找到了一份工作。”

“现在我在浴室的镜子上贴了一段话,每天早上刮胡子时都要念一遍:我正在因为自己没有鞋而难过,直到遇见一个没有双脚之人,我的难过顿时消失了。”

飞行家艾迪·雷肯贝克曾毫无希望地迷失在太平洋上,他和他的同伴在求生筏上漂流了21天。有一次我问他,他从那次经历中学到的最重要一课是什么。他的回答是:“我从那次经历中学到的最重要一课是,只

要有足够的饮水与食物,你就不该再有任何抱怨。”

《时代》杂志有一篇文章提到在南太平洋受伤的一位士官的故事。他的喉咙被碎片击中,接受了七次输血。他写了一个小条子给医生,“我能活下去吗?”医生回答:“可以的。”他又写道,“我还可以讲话吗?”回答也是肯定的。他再写了一张纸条:“那我还操什么心呢?”

你为什么不现在就停下来,问问自己:“我到底在烦恼什么呢?”你多半会发现,你担心的事既不重要,也没意义。

我们的生活中大概90%的事情都进行得很顺利,只有10%有问题。如果我们想要快乐,只需把注意力集中在那90%的好事上,不去看那10%就可以了。如果我们想要烦恼、抱怨、得胃溃疡,那只要把注意力集中在10%的不满意之处,而忽略那90%也就可以了。

英国的许多教堂里可以看到这两个词:“思想”“感恩”。我们心中也应该铭记着这两个词。想想所有我们应该感谢的事,并真正感谢。

乔纳森·斯威夫特,《格列佛游记》的作者,他可以算得上是英国文学史上最悲观的人了,他为自己的出生很难过,过生日时他常穿着黑色的丧服守斋。即使在那样的绝望中,他仍没有忘记“只有快乐的心境可以带来健康。”他曾宣称:“世上最好的医生是——节食、安静、快乐。”

你和我，每一天，每一小时，都可以得到“快乐医生”的免费服务，只要我们能把注意力集中在我们所拥有的那么多令人难以置信的财富上——那些财富可能远远胜过阿里巴巴的宝藏。给你一亿元交换你的双眼，如何？两只脚值多少钱？你的双手呢？听觉呢？你的子女？你的家庭？算算你所拥有的资产，你一定会发现，即使把洛克菲勒、福特、摩根三个家族所有的财富都给你，你也不会愿意出让自己现在拥有的这些。

但是，我们会感谢自己所拥有的一切吗？噢！不！叔本华说：我们很少想我们所拥有的，却总是想自己没有的。这种倾向实在是世上最令人不幸的事之一。它带来的灾难只怕比历史上所有的战争与疾病都重大。

也正是这一点，几乎使约翰。柏马“从一个正常人变成一个脾气恶劣的老家伙”，并且差一点毁了他的家庭。我知道这件事，因为他曾经向我讲述过。

“从部队退役不久，”柏马先生说，“我开始做生意，通过夜以继日地勤奋努力，一切进展顺利。但是很快问题就发生了，我买不到零件和原料。这可能使我被迫放弃生意，为此，我内心充满了忧虑，从一个普通人变成一个脾气恶劣的老家伙，性格也变得尖酸刻薄——当时我无法自知，直到现在才明白。情况越来越恶劣，几乎让我失去了自己快乐的家庭。然而，有一天，一个曾在我手下当兵的年轻人对我说：‘约翰，你应该感到惭愧，你这副样子仿佛世界上只有你一人有烦恼一样。就算把工厂关掉，又能怎么样呢？等事情恢复正常后，你还可以重新开始。本来你可以有更多值得感激的事，可是你却不断地抱怨。天啊，我真希望我是你。你看看，我只有一只胳膊，半边脸都烧伤了，可我从来不抱怨。如果你继续满腹牢骚的话，你不仅会失去你的生意，还会失去你的健康、你的家庭和你的朋友。’

这番话使我猛然醒悟过来，我发现自己正走在一条歧路上。我下定决心要加以改变，重新找回我自己，现在我做到了这一点。”

只要有足够的饮水与食物，你就不该再有任何抱怨。